Valentin Wember   Vom Willen zur Freiheit

VALENTIN WEMBER

VOM WILLEN ZUR FREIHEIT

Eine Philosophie der Jugend
Teil 1

Herausgegeben von der
Jugendsektion am Goetheanum
mit einem Geleitwort von

Jörgen Smit

VERLAG AM GOETHEANUM

3. Auflage 1996

Gesamtgestaltung von Gabriela de Carvalho

Gesamtherstellung: Freiburger Graphische Betriebe
ISBN 3-7235-0578-3

Inhalt

Zum Geleit

Dieses Buch von Valentin Wember, in dem die Kernfragen des Willens zur Freiheit ausgearbeitet werden, ist als Ergebnis aus unmittelbarer Lebenspraxis in Begegnungen und Gesprächen mit Jugendlichen entstanden.

Brennende Lebensfragen – wie die nach dem Willen zur Freiheit – wollen in der Jugendzeit zwischen dem 15. und 20. Lebensjahr vor allem in den unmittelbaren Lebenssituationen, in Konflikten, in der Bewältigung von inneren und äußeren Schwierigkeiten, in Auseinandersetzungen mit gleichaltrigen oder älteren Freunden erlebt und erkämpft werden. Seltener ist das Bedürfnis in dieser Jugendzeit, dicke, philosophische Bücher über diese Lebensfragen durchzuackern.

Aber ein kurzes, leicht überschaubares Buch wie dieses, in dem der Wille zur Freiheit als Existenzfrage in den praktischen Lebenssituationen bewußt und konsequent durchdacht wird, kann dabei eine anregende und hilfreiche Stütze bilden.

Jedes Kapitel, jede Seite dieses Buches könnte in konkreten Gesprächen und Auseinandersetzungen eingebettet betrachtet werden.

Aber in dem lebendigen Strom der menschlichen Begegnungen, der Gespräche und der vielfältigen Aufgaben und Konfliktmöglichkeiten verflüchtigt sich nur allzuoft der «rote Faden», die bewußte, zielgerichtete Strebensrichtung.

Wenn dann der Einzelne allein oder in einer kleinen Studiengruppe zusammen mit Gleichgesinnten ein solches Buch wie «Vom Willen zur Freiheit» gründlich studiert, mag er für die nächsten Lebensprüfungen und Entwicklungsschritte besser gerüstet sein.

Ich wünsche diesem Buche viele energische, zielbewußte und tatkräftige Leser.

Goetheanum, im Februar 1991 *Jörgen Smit*

Vorwort

Liebe Leserin, lieber Leser!
Wenn Du das Buch, das Du zur Hand genommen hast, mit einigem Gewinn zu lesen hoffst, so wird dies nur unter bestimmten Bedingungen möglich sein. Diese Bedingungen sollen vorab deutlich ausgesprochen werden. Andernfalls käme es leicht zu falschen Erwartungen und nachfolgenden Enttäuschungen. Die erste Bedingung ist die, daß Du als Leser ein lebendiges Interesse an der Frage nach der Freiheit des Menschen verspürst und sie nicht als eine theoretische Spielerei auffaßt. Die Frage nach der Freiheit des Menschen gehört nicht in das Gebiet des Denksports, sondern ist eine Lebensfrage oder gar keine. Auch darf Dich die Tatsache nicht abschrecken, daß heute das Wort «Freiheit» unendlich abgenutzt und oft mißbraucht ist, indem sehr viel darunter angepriesen wird, was nur wenig mit dem Wesen der Sache zu tun hat.

Der Titel des Büchleins kündigt eine Darstellung des Willens zur Freiheit an, das heißt des *Willens* zur Freiheit. Es geht also nicht darum, zu zeigen, daß der Mensch frei ist, sondern darum, in welchem Sinne er es werden kann, wenn er es will. Auch die zweite Bedeutung des Titels soll in dieser Weise verstanden werden: Vom Willen zur Freiheit heißt, daß der Weg zur Freiheit über den Willen führt, allerdings über einen besonderen Willen, und von diesem wird in diesem Buch die Rede sein.

Der Untertitel nennt das Buch eine Philosophie der Jugend. Damit hat es folgende Bewandtnis. Für gewöhnlich werden Philosophien nicht eigens für Jugendliche geschrieben, eher im Gegenteil. Der griechische Philosoph Aristoteles zum Beispiel schloß in seiner «Nikomachischen Ethik» jugendliche Zuhörer und Leser ausdrücklich aus und begründete dies mit der Unerfahrenheit dieses Alters. In den zwanziger Jahren unseres Jahrhunderts regte jedoch Rudolf Steiner an, eine Philosophie für Jugendliche zu schreiben. Zusammen mit seiner Mitarbeiterin Maria Röschl faßte er 1924 ins Auge, ein von ihm selbst verfaßtes Werk mit dem Titel «Philosophie der Freiheit» für junge Menschen umzuarbeiten. Das vorliegende Büchlein versucht, dieser Anregung nachzukommen. Es steht damit ganz auf dem Boden der Anthroposophie. Auch das solltest Du, lieber Leser, vorab wissen. Es handelt sich bei den folgenden Seiten um die ersten Beiträge zu einer Umarbeitung von Rudolf Steiners «Philosophie der Freiheit», und zwar vorerst nur einiger Kapitel dieses Buches. Ein weiterer Beitrag soll in den nächsten Jahren folgen.

Die Frage

In jedem Menschen lebt ein tiefer Drang nach Freiheit. Man kann aber heute den Eindruck gewinnen, daß dieser tiefe Drang nach Freiheit von fast allen Seiten des Lebens eingeschränkt wird. Er wird behindert, er wird eingeschläfert, er wird betäubt. Wird er auch ausgelöscht? Kann er überhaupt ausgelöscht werden? Manche Erfahrungen der letzen Zeit zeigen, daß das Bedürfnis, frei zu sein, zwar jahrzehntelang unterdrückt werden kann, aber dann bricht es plötzlich doch wieder hervor. Wie ein letzter Feuerfunken kann der Wille zur Freiheit zugeschüttet sein unter Bergen von Sand und Asche. Plötzlich und völlig unerwartet bricht er hervor und wird zu einer gewaltigen Flamme. Aber geschieht das immer? Gibt es nicht auch die Fälle, wo der Freiheitsfunke zugeschüttet bleibt? Sind nicht vielleicht sogar diese Fälle weitaus die meisten? Und gibt es nicht heute auch solche Berge von Sand und Asche, die den Willen zur Freiheit nicht nur zuschütten, sondern ihn völlig auslöschen? Gibt es nicht gerade heute derart massiv lastende Zuschüttungen, daß die Rede von Freiheit eine bloße Illusion ist und im Grunde ein leeres, aussichtsloses Geschwätz? Man sollte das gründlich prüfen. Denn wenn man hier nicht gründlich prüft, so entsteht meistens der Fall, daß man sich seine Meinungen bildet aus einem Gemisch von halben Einsichten, Vermutungen und Gefühlen. Zunächst gehen wir alle von einem solchen Gemisch aus: halbe Einsichten, unbewiesene Vermutungen und Gefühle, die oft auch schwankend sind, bilden unsere Meinung. Aber eine *Meinung* ist nicht echtes *Wissen.* Eine Meinung ist nicht wirkliche Einsicht. Wir sollten uns deshalb durcharbeiten von dem Zustand des bloßen Meinens zu einem echten Wissen. Tun wir das nicht, so hat das unter Umständen fatale Folgen für unser Handeln: Haben wir zum Beispiel die Meinung, daß Freiheit heute noch möglich und verwirklichbar sei, und ist diese Meinung falsch, gehen unsere Handlungen von falschen Voraussetzungen aus und werden unsinnig: wir strebten dann ein Ziel an, das man gar nicht erreichen kann, weil dieses Ziel in Wirklichkeit längst (oder schon immer) weggesprengt oder unwiederbringlich zugeschüttet ist. Haben wir umgekehrt die bloße Meinung, daß das Ziel der Freiheit bloße Illusion und jede Rede davon nur Geschwätz sei, und verhielte es sich in Wahrheit nicht so, so wären unsere Handlungen, die sich aus unserer Meinung ergeben haben, ebenfalls unsinnig, zum Beispiel resignierend, wo man gar nicht zu resignieren bräuchte. Deshalb ist es notwendig, die Anstrengung auf sich zu nehmen und die Frage gründlich zu prüfen, um zu wirklicher Einsicht – über das bloße Meinungsgemisch hinaus – zu gelangen. Nur dann ruhten auch die Konsequenzen, die wir für unser Handeln ziehen wollen, auf einem soliden Grund.

Die Gefangenschaft

Untersuchen wir als erstes die verschiedenen Bedingungen, die uns das Gefühl und die Vorstellung vermitteln können, nicht frei zu sein. Zu diesen Bedingungen gehören Gebote und Verbote. Ihnen gegenüber kann man ganz eindeutig das Gefühl haben: sie machen mich unfrei, sie lassen mich nicht so handeln, wie ich eigentlich handeln wollte. In den meisten Fällen kommen die Gebote und Verbote von außen: in der Kindheit von den Eltern, in der Jugend von der Schule und ihren Lehrern, im Erwachsenenleben von Vorgesetzten im Beruf oder vom Gesetzgeber, vom Staat. Die Eltern können eine Unternehmung, die ich vorhabe, verbieten. Manchmal verbieten sie zwar nicht direkt, aber sie stellen gewisse Bedingungen, unter denen die Unternehmung nur stattfinden dürfe, und machen sie damit so gut wie unmöglich oder zu einer Unternehmung, die nicht mehr die ist, die ursprünglich geplant war. In solchen Fällen kann man sich erheblich eingeschränkt und unfrei fühlen. Bei Lehrern, die einen unterrichten, bei Ausbildern oder Vorgesetzten im Beruf, auch bei Universitätsdozenten, bei denen man studiert, kann es ganz ähnlich sein: Es werden einem Vorschriften gemacht, die einen sehr stark behindern. Man fühlt sich nicht mehr frei, das zu tun, was man eigentlich will. Beim Staat schließlich das gleiche Bild: Die Fülle der hier erlebbaren Einschränkungen kann groß sein: angefangen bei den Geschwindigkeitsbeschränkungen, über die Sozial- und Steuergesetzgebung, bis hin zu Rüstungs- und Abrüstungsbeschlüssen, die man nicht will. Alle diese Einschränkungen haben eine Gemeinsamkeit: Sie sind von außen auferlegt. Sie wirken von außen auf den Menschen ein und behindern ihn so, daß er sich unfrei fühlt. Eine zweite Gemeinsamkeit besteht darin, daß diese Einschränkungen von einer Autorität ausgehen. Wer auch immer Vorschriften machen und bis zu einem gewissen Grade durchsetzen kann, besitzt Autorität und Macht. Er muß nicht in allen Belangen Autorität und Macht besitzen. Aber kann er auf einem bestimmten Gebiet seine Vorstellungen durchsetzen, so besitzt er – wenigstens auf diesem Gebiet – Autorität im Sinne von Macht.

Nun entsteht in einer konkreten Lebenssituation, in der man durch irgendein Verbot, zum Beispiel das Verbot, eine gewünschte Reise zu machen, unfrei gemacht wird, natürlich die Frage, wie man sich zu diesem Verbot und der hinter ihr stehenden Autorität stellt. Es gibt mehrere Möglichkeiten:

Ich kann mich gegen das Verbot auflehnen, aber mich ihm schließlich doch fügen. Die Gründe dafür können sehr verschieden sein. Ich kann mich fügen, weil ein Auflehnen wenig Aussicht auf Erfolg, sondern nur auf zusätzlichen Ärger hätte. Oder ich kann mich beugen, weil ich weder Kraft noch Lust zu einer Auseinandersetzung habe. Schließlich kann ich dem Verbot Folge leisten, weil ich ihm bei genauerem Überlegen sogar einige Vorteile für mich abgewinnen kann oder es sogar für sinnvoll halte. Andererseits kann ich mich gegen das Verbot auflehnen und mich über es hinwegsetzen, folge nun, was da wolle.

Jeder Mensch wird anders und in einer bestimmten Nuance ganz individuell auf Einschränkungen und Behinderungen seiner Freiheit reagieren. Das heißt aber auch: auf ein und dasselbe Verbot reagieren zwei Menschen unterschiedlich. Das kann sogar so weit gehen, daß zum Beispiel ein und dasselbe Verbot von dem einen als tiefer Eingriff in seine Freiheit erlebt wird und von dem anderen überhaupt nicht. Wie ein Verbot wirkt, hängt sehr stark von der inneren Einstellung der Menschen ab, auf die es trifft. Wenn man über diesen Gedanken etwas länger nachdenkt, kann man eine kleine, aber nicht ganz unbedeutende Entdeckung machen.

Wir hatten gesagt, daß Verbote zu denjenigen Erscheinungen gehören, die von außen kommen. Aber ihre Wirkung ist nicht von ihnen allein abhängig. Ihre Wirkung kommt erst zustande durch etwas, was ihnen von innen entgegenwirkt. Durch diese Einsicht kann nun jedes Verbot in den verschiedensten Graden an Macht verlieren. Im ersten Augenblick kann es mich mit voller Wucht treffen und eine Fülle von Emotionen auslösen. Aber bin ich bloß ein Automat, in dem bei irgendeinem Anlaß bestimmte Gefühle ausgelöst werden? Wirkt nicht ein und dasselbe Verbot auf meinen Nebenmenschen vielleicht schon ganz anders? Also liegt es doch auch an mir, wenn ich das Verbot als Behinderung meiner Freiheit erlebe. Indem ich so anfange zu überlegen, beginne ich auch, dem von außen Kommenden seine gleichsam alleinige Wirkungsmacht zu entreißen und mir selbst zu erobern, und man kann auch beobachten, wie für die Zeit solcher Überlegungen die unmittelbare emotionale Wirkung des Verbots auf mich etwas zurücktritt. Sie verschwindet wohl nicht gleich völlig, aber sie nimmt ab. Ich befreie mich etwas von ihr. Darin besteht der Wert der kleinen Entdeckung dessen, daß die Wirkung des von außen Kommenden nicht von diesem Außen allein abhängt, sondern auch von mir. Wir wollen sehen, ob dies auch für die weiteren von außen ausgehenden Einschränkungen der Freiheit gilt.

Neben die Vorschriften, die von Eltern, Lehrern und Vorgesetzten und vom Staat ausgehen können, treten noch die Lebensumstände, die einem das Gefühl vermitteln können, unfrei zu sein. Auch diese Lebensumstände sind für den Menschen zunächst ein Außen. Dazu kann die Familie gehören, in der man lebt. Unter Umständen ist die Familienzugehörigkeit völlig unproblematisch. Aber das ist nicht immer so. Es gibt sehr viele Fälle, in denen die Kinder oder die Jugendlichen unter ihrer Familie furchtbar leiden. Das bloße Zusammensein mit den Eltern, manchmal auch mit den Geschwistern, wirkt dann wie ein Gefängnis, wie ein Kerker seelischer Unfreiheit.

Neben der Familienzugehörigkeit gehören dann die weiteren Bekanntschaften und Freundschaften zu den Lebensumständen. Auch hier kann alles problemlos sein. Dann hat man nur nette oder erträgliche Bekannte oder nur tiefe und harmonische Freundschaften. Aber es ist sehr fraglich, ob diese glücklichen Fälle besonders häufig sind. Immer wieder kommt es vor, daß man unter den Menschen, mit denen man in der

Schule oder im Betrieb zusammenleben muß, leidet, so daß man nicht so leben und sich entfalten kann, wie man eigentlich will.

Die Gründe sind die vielfältigsten. Es kann sein, daß man sich unter den Menschen, mit denen man zusammenlebt, einsam und als Außenseiter fühlt, nie von der Gruppe angenommen, ohne so recht zu wissen, woran das nun liegt. Es kann sein, daß man unter der Oberflächlichkeit oder auch der Verlogenheit, der Trägheit, der Primitivität oder Dünkelhaftigkeit, der intellektuellen Überlegenheit oder Überheblichkeit der anderen leidet, so daß zunächst nur noch der Rückzug in eine Art innere Emigration, ins Schweigen, in ein möglichst weitgehendes Ignorieren der anderen bleibt. Meistens liegt jedenfalls diese Reaktion als erstes nahe, so daß man oft auf sie verfällt. Aber sie ist nicht unbedingt zwingend. Die umgekehrte Form der Rebellion oder des Versuches, sich oder die anderen oder beide ändern zu wollen, oder aber die Flucht in andere Lebensumstände sind ebensowohl möglich. In der Regel – nicht immer – treten sie aber erst nach dem Durchlaufen und Durchleiden der ersten Reaktion auf.

Ein besonderes Kapitel sind die Freundschaften. Ersehnt und geschlossen werden sie aus dem Bedürfnis nach Harmonie und Vereinigung, wenn auch oft andere Kräfte mit im Spiel sind, etwa Besitz- und Machtgier oder Angst, die die ersehnte Harmonie und Vereinigung untergraben können.

Gewinnen diese Kräfte die Oberhand, dann können Freundschaften zum Gegenteil dessen werden, was man eigentlich gewünscht hatte. Sie werden zu einer

Hölle, in der die raffiniertesten Machtkämpfe ausgetragen werden. Dadurch wird die Seele wie von einer unsichtbaren Gewalt gefesselt. Oft dauern solche Kämpfe monate- und jahrelang und nehmen dadurch den in sie verwickelten Menschen immer mehr die Luft, so zu leben und zu sein, wie man eigentlich will. Das Erstaunliche ist dabei nicht nur die – oft unbewußte – Raffiniertheit vieler Auseinandersetzungen, so daß man sich über die hier aufgewandte Intelligenz nur wundern kann, sondern das Erstaunliche ist gerade die manchmal unsinnig zermürbende Dauer der Psychoterrorisierung. Das Leid schleppt sich über Jahre hin, und die ursprüngliche Freundschaft wird zum Fliegenglas, in dem die Seelen der Beteiligten verzweifelt umhersummen, gegen die durchsichtigen Wände fliegen, hinter denen eine schönere und freiere Welt zu sehen ist, ohne zu ihr gelangen zu können. Was ist es, was einen hier unfrei macht und quält? Woraus besteht das Fliegenglas der Seele? Auch bei einer sich zur Hölle entwickelnden zwischenmenschlichen Beziehung geht man zunächst davon aus, daß diese Beziehung etwas von außen Kommendes ist. Aber hier kann ich schon leichter einsehen, daß dieses scheinbare Außen sehr stark von mir selbst geprägt und geformt wird. Die Qualität einer Beziehung hängt ganz wesentlich davon ab, wie ich selbst sie gestalte. Das wird allerdings oft vergessen. Dann erwartet man, daß die Freundschaft von selbst harmonisch und tief beglückend ist. Im Grunde liegt darin eine Art seelischer Faulheit vor. Man ist zu träge, aktiv zu formen. Aber warum?

Dieses Formen bedeutet immer auch ein Verändern,

und zwar vor allem sich selbst verändern und entwikkeln. Das aber ist nicht immer bequem, so daß viele Menschen vor der damit verbundenen Anstrengung eine dunkle, unbewußte Angst bekommen. Dann wünschen sie sich die fertige Freundschaft, die fertige Harmonie, das fertige Glück. Ein aktiver Mensch hingegen wird das schlicht zurückweisen. «Was soll mir alles dieses Fertige, ich will selbst schöpferisch und tätig sein. Wenn ich auf ein fertiges, von außen kommendes Glück der Freundschaft warte, begebe ich mich auch in eine Abhängigkeit davon. Wenn ich selbst nur passiv auf das hoffe, was mir entgegengeflogen kommt, wäre ich von dessen Form und Gestalt abhängig: Kommt mir die Harmonie entgegen, dann geht es mir gut. Aber leider auch nur dann. Nein, diese Abhängigkeit ist mir zuwider. Aus ihr entstehen auch viel zu leicht weitere Abhängigkeiten. Ich will aber nicht Sklave sein, sondern selbst formen und bilden.»

Dieser Gedankengang des aktiven Menschen hat etwas Faszinierendes, aber man wird auch Gewichtiges gegen ihn einwenden. Der Philosoph J. G. Fichte war ein Mensch, der möglichst in gar nichts von der Außenwelt mit ihren wetterwendischen Launen des Glücks und des Unglücks abhängig sein, sondern möglichst viel seiner eigenen schöpferischen Tätigkeit verdanken wollte. Er ging deshalb auch so weit, zu behaupten, daß es völlig gleichgültig sein müsse, mit wem man verheiratet sei. Der aktive Mensch müsse in der Lage sein, mit jedem beliebigen anderen eine gute Ehe zu führen, weil er genügend Kraft besäße, sich selbst zu verändern und den anderen willentlich zu lieben. Man könnte noch ergänzend hinzufügen: Der

Wunsch, daß sich der andere, der Partner, doch ändern möge, wäre dann nur das Ergebnis davon, daß man selbst zu wenig Gestaltungskraft hätte, sich selbst höherzuentwickeln. Und der Wunsch, geliebt zu werden, wäre nur ein Hinweis darauf, daß einem genügend Kraft fehlte, selbst Liebe aktiv zu schenken, statt passiv empfangen zu wollen.

Unzweifelhaft ist das ein gewaltiger Gedanke, und wer je die Lust schöpferischer Tätigkeit und geistiger Willenskraft erlebt hat, wird sich seiner Faszination nicht entziehen wollen. Aber Fichtes bis zu einer hohen Konsequenz getriebene Idee von der Eigenkraft des Menschen, der nicht abhängig sein will, hat zugleich auch etwas Schroffes und Abstoßendes, das in einer gewissen Einseitigkeit liegt. In seiner schroffen Formulierung bleibt unausgesprochen, daß sich hinter einer zwischenmenschlichen Begegnung noch mehr verbergen kann, als allein ihre willentliche und aktive Gestaltung. Dieses «Mehr» kommt wunderbar zum Ausdruck in den Worten Hölderlins: «Eh wir beide es wußten, gehörten wir einander an.» Diese tiefe Zusammengehörigkeit stammt aus anderen Bereichen als der jeweils gegenwärtigen Gestaltung und ist durch sie auch nicht zu ersetzen. Deshalb wäre es auch nicht berechtigt, wenn man bei jeder Freundschaft, die zur Qual entartet, pauschal und unbesehen urteilte, daß hier nur zuwenig schöpferischer Gestaltungswille und eine zu schwache Liebeskraft der Beteiligten vorläge. Das wäre oft ein nicht zutreffendes Urteil. Eine zwischenmenschliche Beziehung ist nicht bloß der tote Stein, der zu einer lebendigen, harmonischen Plastik umzugestalten ist, wie das Schiller einmal aussprach.

Sie bringt vielmehr nicht sogleich zu ergründende Voraussetzungen mit, so daß sie schon ein Eigenleben hat und sich nicht nur beliebig bearbeiten läßt. Damit hängt zusammen, daß manche Freundschaften tatsächlich scheitern. Es muß nicht allein an mangelnder Gestaltungsphantasie und -kraft gelegen haben, sondern ebensowohl an äußerst schwierigen Voraussetzungen. Ist das Scheitern eingetreten, kann das Gefühl des Gefangenseins leicht nachfolgen. Und doch stellt sich auch hier die Frage: Inwiefern liegt meine Unfreiheit nicht auch an mir selbst? Liegt – oder lag – es nicht auch an mir, daß ich jetzt nicht so sein kann, wie ich es gerne würde? Lag es nicht auch an mir, an irgendwelchen nicht ganz sinnvollen Impulsen in mir, daß ich mich auf Verhältnisse eingelassen habe, die für mich nicht zu bewältigen waren? Immerhin habe ich wichtige Erfahrungen gemacht; aber das Scheitern, das Hereintreiben in die Unfreiheit, habe ich das nicht selbst mit herbeigeführt?

Wenn diese Überlegungen nicht ganz falsch sind, dann zeigen sie, daß auch die Erlebnisse von Unfreiheit auf dem Gebiet der Freundschaften und der Familie, wie schon auf dem Gebiet der autoritären Vorschriften, nicht nur Fesseln sind, die von außen kommen. Diese Fesseln werden immer auch im eigenen Inneren aufgebaut. Dem wollen wir immer weiter nachgehen, vielleicht läßt sich auf diesem Weg ein Schlüssel für die Überwindung der Unfreiheit finden.

Zu den Lebensumständen des Menschen gehören neben menschlichen Umgebungen auch die geographischen, kulturellen und historischen Verhältnisse, in denen er lebt. Es ist ein Unterschied, ob ich als

Deutscher geboren worden bin oder als Franzose, und erst recht, ob ich in Tansania geboren wurde oder als Eskimo. Diese Sachverhalte werden nicht allzuhäufig als Ursache für Unfreiheit erlebt, aber es ist doch möglich. Ein bekanntes Argument dafür ist das Sprechen der Muttersprache. Es gibt eine Vielzahl von Untersuchungen darüber, inwieweit die Muttersprache die Art und Weise, wie wir denken und wahrnehmen, beeinflußt. So hat der Sprachforscher Helmut Gipper berichtet, daß die Navahoindianer nur ein Wort für Blau und Grün haben. Man hat daraufhin getestet, ob die Navahoindianer den Unterschied zwischen blau und grün wirklich nicht sehen, weil ihre Augen und ihr gesamter Sehapparat (Nerven, Gehirnfelder etc.) anders aufgebaut wären. Das Ergebnis zeigte, daß die untersuchten Navahoindianer zwar tatsächlich erhebliche Schwierigkeiten hatten, blau und grün zu unterscheiden, aber das lag nicht an ihrer Sehorganisation, sondern an ihrer Sprache, die sie von Kindheit an daran gewöhnte, zwischen den beiden Farben keinen Unterschied zu machen. Solche und ähnliche Befunde legen den Gedanken nahe, daß unsere Volkszugehörigkeit und damit unsere Sprachzugehörigkeit unsere Seh- und Denkgewohnheiten mit beeinflussen. Wer mehrere Sprachen gut spricht, wird bestätigen können, daß er manche Gedanken viel besser in der einen als in der anderen Sprache ausdrücken kann. Bedeutet das aber nicht, daß die Sprache, die man als Muttersprache gelernt hat, einen auch unfrei macht, weil sie einen zwingt, in einer bestimmten Weise wahrzunehmen und zu denken? Natürlich kann man weitere Sprachen lernen und einen Ausgleich schaffen, aber wird nicht dieser immer nur sehr gering bleiben?

Neben den Familien-, Bekannten-, Freundschafts- und Sprach- und Kulturkreisen als möglicher Ursache von Unfreiheit treten noch die rein geographischen Verhältnisse, in denen man lebt. Der Wohnort spielt eine zuweilen nicht unerhebliche Rolle im Leben und ist vielfach auch eine Quelle der Lebensempfindung, eingeschränkt oder sogar «eingekerkert» zu sein. Aber auch hier wird schnell deutlich, wie die objektiven Verhältnisse erst zusammen mit den inneren das leidvolle Gefühl der Unfreiheit erzeugen. Der eine wohnt auf dem Land oder in der Abgeschiedenheit des Waldes und geht an dieser Einsamkeit zugrunde, während der andere die Öde der Häuserschluchten, den Gestank und den Lärm der Großstadt nicht mehr erträgt und verzweifelt darüber ist, aus was für Gründen auch immer, keine andere Wohnung finden zu können. Natürlich wird hier die Unfreiheit auch als von der Umgebung ausgehend erlebt, und manchmal bekommen auch Wälder und Wiesen oder Straßen und Hochhäuser alle möglichen Verfluchungen und Verwünschungen ab, als ob sie etwas dafür könnten, während in Wahrheit erst das Aufeinanderprallen von Wünschen und Idealvorstellungen auf der einen Seite mit den tatsächlichen Verhältnissen auf der anderen die Empfindung der Unfreiheit erzeugen kann.

Schließlich spielt auch noch die Zeit, in der man lebt, eine Rolle. Nicht jeder ist glücklich darüber, ausgerechnet im 20. Jahrhundert geboren worden zu sein. Die Rastlosigkeit und Hektik des modernen Lebens, sein gewaltiger Materialismus in vielen Bereichen oder die wie ein selbstgemachtes Damoklesschwert über uns schwebenden Katastrophen können dafür ausschlaggebend sein. Diese Katastrophen sind heute – im Unterschied zu den früheren Jahrhunderten – menschengemacht. Aber vor allem hinsichtlich der Freiheitsfrage unterscheidet sich das 20. Jahrhundert von allen vorausgegangenen Zeitaltern: Im 20. Jahrhundert wurde mit der Atomtechnik eine Technik eingeführt, die über Jahrhunderte hinweg alle nachfolgenden Generationen zwingen wird, den Stand der gegenwärtigen Technik wenigstens zu halten, um das Problem des Atommülls zu bewältigen. Wir und nachfolgende Generationen werden gezwungen, uns mit dem Problem des Atommülls auseinanderzusetzen. Viele Jahrhunderte in die Zukunft hinein wird keine Kultur sagen können: «Was interessiert uns die Zivilisation und die Technik unserer Vorväter, machen wir etwas ganz anderes und Besseres». Das wird nicht möglich sein. Jede zukünftige Kultur der kommenden Jahrhunderte muß sich mit den Folgeproblemen unserer Atomtechnik auseinandersetzen, wenn sie überleben will. Man kann zwar nicht ausschließen, daß nicht in der Zukunft doch noch unerwartete Entdeckungen gemacht werden, die das Problem des Atommülls auf befriedigende und endgültige Weise lösen helfen; aber sie müßten erst gemacht werden, und die Menschen der Zukunft sind im Grunde auf Gedeih und Verderb gezwungen, auf diesem Gebiet zu forschen. Das ist das Neue, in dieser Weise bisher nicht Dagewesene und unfrei Machende der technischen Kultur des 20. Jahrhunderts.

Vorausgegangene Jahrhunderte haben zwar auch

große technische Neuerungen eingeführt, die dann alle folgenden Jahrhunderte entscheidend geprägt haben, wie zum Beispiel die Erfindung des Buchdrucks. Aber man könnte heute – wenn wohl auch nur theoretisch – auf den ganzen Buchdruck verzichten, wenn die Menschen das wollten und vor allem, wenn sie unter den dann entstehenden Lebensverhältnissen leben wollten. Auf die Atomtechnik kann man nicht verzichten – auch nicht theoretisch –, selbst wenn man es wollte. (Dieser Gedanke sollte natürlich nicht mißbraucht werden als Argument für die Behauptung: Also müssen wir die Atomtechnik weiter ausbauen. Was aber tatsächlich ausgebaut werden muß, ist eine Technik zur befriedigenden Lösung der Atommüllfragen, einschließlich der Bergung unzähliger Atommüllfässer, die auf dem Meer verklappt wurden und nun beängstigend vor sich hinrosten. Vielmehr soll der ausgeführte Gedanke nur das fundamental neue Ausmaß an Unfreiheit, das die moderne Technik gebracht hat, verdeutlichen.) Kein Jahrhundert ist je so unfrei gewesen wie unseres, auch wenn manchmal gern das Gegenteil behauptet wird. Die von unserem Jahrhundert geschaffene Technik bietet zwar den Menschen viele Dienste, aber für den gewaltigen Preis Jahrhunderte währender Unfreiheit. Man fühlt sich erinnert an die Goethesche Ballade vom Zauberlehrling. Wohl vermag der Zauberlehrling die wunderbaren Kräfte zu entfesseln; kontrollieren und beherrschen oder gar beseitigen kann er sie schließlich nicht: «die ich rief, die Geister, werd' ich nun nicht los». In Goethes Ballade taucht am Schluß der Zaubermeister selbst auf und bannt die entfesselten Kräfte. Wer aber soll in unserem und in den kommenden Jahrhunderten der Zaubermeister sein?

Die Unfreiheit, die von der modernen Zivilisation ausgeht und die auch wieder von Menschen selbst erzeugt wurde, gehört zu den massivsten Formen der Unfreiheit, die man erleben kann und der man sich ohnmächtig ausgesetzt fühlt. Ohnmächtig deshalb, weil man ja – abgesehen von beeindruckenden, heldenhaften Ausnahmen – kaum etwas im großen Stil gegen sie unternehmen kann. Hat sich etwa nach Tschernobyl etwas geändert? Wird sich durch Krieg etwas am Verhältnis der westlichen Industriestaaten zur Dritten Welt positiv ändern können? Wird man in Zukunft etwa den Export oder gar die Produktion von Waffen reduzieren?

Angesichts dieser Fragen kann man in Gedanken die verschiedensten Auswegmöglichkeiten suchen und dabei die Empfindung gewinnen, doch immer nur in Sackgassen zu laufen: Schon sehr früh hat zum Beispiel Erich Fromm auf die Möglichkeit von Verbraucherboykotten hingewiesen. Der Verbraucher habe doch eine gewaltige Macht. Wenn er allen überflüssigen Strom oder auch zum Beispiel die Autos boykottieren, nämlich nicht mehr kaufen würde, müßte man doch eine neue Lebenseinstellung herbeiführen können. Theoretisch ja, aber praktisch? Bietet die Mentalität der breiten Bevölkerungsmassen dafür die Voraussetzungen? Also müßte man diese träge, konsumbesessene und autovernarrte Mentalität ändern. Aber wie? Durch die Boulevardpresse oder etwa durchs Fernsehen, das sich immer mehr die bloße Unterhaltung und Ablenkung auf die Fahnen geschrieben hat, getreu dem Buchtitel «Wir amüsieren uns zu Tode»?

In solchen oder ähnlichen Gedankengängen kann man sich wundlaufen und die Unfreiheit und Ohnmacht des Einzelnen in der technisierten Massenzivilisation des ausgehenden 20. Jahrhunderts erleben. So scheint deshalb auch manchmal gar nichts anderes übrigzubleiben, als diese Ohnmacht zu verdrängen. Würde man sie ständig, von Stunde zu Stunde, im Bewußtsein haben, könnte man wohl überhaupt nicht mehr sinnvoll weiterleben. (In Holland wurde inzwischen ein Institut zur Betreuung solcher Menschen eingerichtet, die unter dem permanenten Denken an die zerstörte Natur und die davon ausgehende Bedrohung für den Menschen seelisch erkrankten.)

Und doch ist durch das bloße Verdrängen nichts gewonnen, so verständlich es auch ist. Wo aber sind Wege zu finden, die einen aus der Ohnmacht und Unfreiheit herausführen?

Aber wir sind noch nicht einmal fertig mit der Bestandsaufnahme der von außen her auftretenden Faktoren, die die Unfreiheiten mitverursachen. Zu ihnen gehört nämlich auch das, was man Schicksalsschläge im Leben nennen könnte. Schwere Erkrankungen oder der Verlust eines nahestehenden Menschen können einen tiefen Einschnitt in mein Leben bedeuten. Plötzlich ist mein Leben gebunden an die Pflege eines Kranken. Dadurch entsteht eine Aufgabe, die ich aus eigenem Entschluß nie gewählt hätte. Jetzt wird sie mir von außen durch eine Schicksalswendung auferlegt. Ob man aber einer solchen von außen auf einen zukommenden Aufgabe nur mit stillem Widerwillen nachkommt, weil man sich zu etwas gezwungen fühlt, oder ob man sie ernsten, aber nicht bedrückten Herzens annimmt, ist eine Frage des inneren Verhältnisses, das man zu dieser Aufgabe gewinnt. Es ist eine Frage der Gedanken und Gefühle, die man zu der neuen Lebenssituation entwickelt. Das gilt sogar auch für eigene Krankheiten und Unfälle, die einen selbst treffen. Natürlich kann eine Krankheit oder ein Unfall mein Leben in eine ganz andere Richtung lenken, aber es liegt im Grunde wieder an mir, ob ich ständig mit meinen Gedanken und Empfindungen gegen das mir Zugestoßene (Geschickte – und in diesem Sinne mein Schicksal) anrenne oder ob ich Gedanken denken kann, an denen sich Gefühle entzünden, die mich meine Situation in einem anderen Licht sehen lassen, das die dunklen Wolken der Unfreiheit vertreibt und auflöst. Gerade ein besonderer Fall eines von außen ins Leben hereinschlagenden schweren Schicksals, die Inhaftierung oder Internierung nämlich, hat in der Geschichte Beispiele dafür geliefert wie das folgende:

In der Nacht vom 23. zum 24. April 1945 wurde eine Gruppe von Häftlingen aus dem Gefängnis Moabit in Berlin von der Lehrter Straße über ein Trümmerfeld Richtung Potsdamer Bahnhof geführt. Man hatte den Häftlingen, politischen Gefangenen der Nazis, gesagt, daß sie verlegt würden, weil sie bald mit ihrer Freilassung rechnen dürften. Der Weg über das Trümmerfeld wurde damit begründet, daß es sich um eine Abkürzung handle. Tatsächlich aber diente das zerbombte Gelände den NS-Schergen dazu, ihre Gefangenen zu erschießen. Einer dieser Gefangenen, ein junger Kommunist, überlebte trotz eines Kopfschusses das Morden. Er wurde für tot gehalten, während man den anderen, wenn sie noch Lebenszeichen von sich gaben, den «Gnadenschuß» gab. Diesem jungen Kommunisten ist es zu verdanken, daß die Erschießungen überhaupt aufgedeckt wurden und daß man die Leichen der Erschossenen fand. Einer der Erschossenen trug noch etwas bei sich, was ihm wohl das Wichtigste war, das am meisten am Herzen Liegende, das man ihm gelassen hatte: eine Reihe zusammengefalteter, mit Bleistift beschriebener Blätter, blutbeschmiert. Die auf diesen Blättern festgehaltenen Gedichte nannte man später die «Moabiter Sonette». Ihr Verfasser war Albrecht Haushofer. Er war, weil er Beziehungen zu den Verschwörern des 20. Juli unterhielt, von den Nazis gefangengenommen worden. Seine während der Gefangenschaft geschriebenen Gedichte sind ein ergreifendes Dokument dafür, wie ein Mensch in der Gefangenschaft solche Gedanken und Empfindungen entwickelte, die ihm die Gefangenschaft in einem neuen Lichte zeigten, einem Lichte innerer Freiheit. Haushofer wurde während seiner Inhaftierung in Moabit bewußt, daß es gar nicht in erster Linie die brutale Gefangenschaft ist, die ihn als Menschen unfrei macht, sondern daß es in der eigenen Seele Fesseln gibt, die ihn in viel stärkerem Maße unfrei handeln lassen. Haushofer nennt reflexhafte Begierden und Triebe, die dazu führen, daß man gar nicht bewußt, sondern automatisch und darum unfrei handelt. In dem «Die Mücke» überschriebenen Sonett bringt Haushofer diese Erfahrung zum Ausdruck, indem er die Begegnung mit einer Mücke in der winterlichen Gefängniszelle in Berlin-Moabit schildert.

Die Mücke

Ein leisestes Gesurr. Auf meine Hand
sinkt flügelschwirrend eine Mücke nieder,
ein Hauch von einem Leib, sechs zarte Glieder –
wo kam sie her aus winterlichem Land?

Ein Rüssel... schlag ich zu? Mißgönn ich ihr
den Tropfen Blut, der solches Wesen nährt?
den leichten Schmerz, den mir der Stich gewährt?
Sie handelt, wie sie muß. Bin ich ein Tier?

So stich nur zu, du kleine Flügelseele,
solang mein Blutgefäß dich nähren mag,
solang du sorgst um deinen kurzen Tag!

Stich zu, daß es dir nicht an Kräften fehle!
Wir sind ja beide, Mensch und Mücke, nichts
als kleine Schatten eines großen Lichts.

Die merkwürdige Begegnung mit einer Mücke in der winterlichen Gefängniszelle führt zum Bewußtsein darüber, daß der Mensch Handlungen vollbringen kann, in denen er nicht frei ist. Das Gedicht nennt die fast reflexhafte Handlung, die Mücke totzuschlagen, um den Schmerz des Stiches zu vermeiden. Diese Handlung wird dann zu einem Symbol für viele Handlungen, die instinktmäßig auf den eigenen Vorteil bedacht sind. In ihnen handelt der Mensch wie ein Tier, nicht bewußt wollend, sondern aus Instinkt. Solche Handlungen begreift Haushofer als unfrei, und in einem weiteren Sonett – «Entfesselung» überschrieben – dankt er seiner Gefangenschaft dafür, daß er sich diese unfreien Handlungen während der Zeit seiner Gefangenschaft bewußtmachen konnte, um sich eine innere Freiheit zu erringen. Vermutlich hat Haushofer die erste Zeit in Moabit an Händen und Füßen gefesselt zubringen müssen. Dann wurden ihm einige Wochen lang die Fesseln abgenommen. Das Gedicht aber beantwortet die Frage, was die eigentlichen Fesseln des Menschen sind:

Entfesselung

Seit Wochen bin ich nun an Hand und Fuß
von Fesseln frei. Noch weiß ich kaum zu sagen,
ob ich sie lang, ob ich sie kurz getragen,
ob ich ein zweitesmal sie tragen muß.

Sie haben mich gelehrt, daß andre Ketten
zu dulden wie zu lösen schwerer sind:
Begierden, Wünsche, die sich aus dem Kind
in Mannestrotz und Greisenhärte retten:

Die großen Feßler, die das Herz versteinen,
des Willens Lüste, wie sie Buddha nennt,
das Christentum als harte Sünden kennt, –

die Feßler, die der Gnade Macht verneinen –
Bin ich von ihnen freier, als ich war,
so dank ich diesem letzten halben Jahr...

Beide Gedichte zeigen, daß selbst physische Gefangenschaft nicht unbedingt ausschließlich als Unfreiheit erlebt werden muß. Es ist möglich, der äußeren Gefangenschaft solche Gedanken entgegenzubringen, daß sie im Gegenteil zu einem Weg zur Freiheit wird. Angesichts dieser Beispiele stellt sich aber die Frage, ob das, was Albrecht Haushofer gelungen ist, lernbar ist. Vielleicht nicht gerade am Beispiel der Inhaftierung, aber vielleicht doch im Falle anderer Schicksalsschläge wie der erwähnten: Krankheit und Unfall von Nahestehenden oder von einem selbst. Das Beispiel der Gedichte zeigt auch, daß man dazu den Blick auf ein anderes Gebiet der Unfreiheit und Freiheit richten muß: das Gebiet *innerer* Unfreiheiten.

Abbildung 1: Wagenlenker von Delphi (um 460 v. Chr.)

Die Befreiung

Albrecht Haushofer wurde im Gefängnis bewußt, daß der Mensch durch innere Kräfte viel stärker gefesselt und unfrei gemacht werden kann als zum Beispiel durch äußere, buchstäbliche Gefangenschaft. Und ihm wurde auch klar, daß im Abstreifen der inneren Fesseln der Schlüssel zu einem befreienden Umgang mit den von außen kommenden Unfreiheiten liegt. Worin bestehen die Kräfte, die den Menschen von innen binden können? Instinkte, Triebe, Begierden und Leidenschaften sind dazu in der Lage. Fast jeder kennt die Erfahrung, daß bestimmte Leidenschaften mit ihm «durchgehen» können. Der Ausdruck «durchgehen» kommt aus der Reitersprache und er soll zeigen, daß eigentlich der Reiter (der Mensch) die Pferde der Leidenschaften zügeln und lenken sollte, wenn er einen sinnvollen Weg steuern will. In der griechischen Kunst findet sich ein Bild dafür: der Wagenlenker, der völlig sicher und ruhig den Wagen steuert. (Siehe Abb. 1.) Schaut man genauer hin, wird man bemerken, daß es wohl unmöglich gewesen sein dürfte, so aufrecht bei einem antiken Wagenrennen gestanden zu haben. Aber vielleicht meinte der Künstler auch gar nicht nur den Wagenlenker in der Arena, im Stadion, sondern den Wagenlenker MENSCH, der aufrecht und standsicher die Pferde seiner Instinkte,

Begierden, Triebe und Leidenschaften führt. Dann wäre der Wagenlenker ein symbolisches Leitbild für den Betrachter.

Im alltäglichen Leben geschieht es immer wieder, daß Triebe, Begierden und Leidenschaften den Reiter oder Lenker überwältigen und hinter sich herschleifen können. Wer aber überwältigt wird, wer geschleift wird, ist nicht frei, sondern ausgeliefert.

Nun kann die Macht und Kraft der Pferde unterschiedlich groß sein. Schleudern sie einen vom Wagen, so wird man auch selbst bemerken, daß man nicht mehr steuert. Anders ist die Sache, wenn die Pferde nicht so impulsiv sind, daß sie einen vom Wagen herunterwerfen, aber doch ihre eigenen Wege gehen. Dann merkt man gar nicht, daß man nicht mehr führt, sondern geführt wird. Vielleicht sind auch die Richtungen, die sie einschlagen, so interessant oder so aufregend, daß man ihnen gerne folgt. Aber auch dann ist man nicht mehr Herr der Pferde, sondern eher ihr Anhängsel. Dann kann es auch geschehen, daß man sich mit dem, was die Pferde wollen, identifiziert, so daß man sich in keiner Weise unfrei fühlt, aber Herr der Sache ist man jedenfalls nicht. In solchen Fällen gehört schon gesteigerte Aufmerksamkeit dazu, sich selbst von den Impulsen der Pferde überhaupt zu unterscheiden, wie das der Dichter Eugène Ionesco in seinen Tagebüchern festgehalten hat: «Ich bin, scheint's, nicht diese Leidenschaften, ich bin jemand, der ein anderes Ich heiß ersehnt.» Was aber befähigt den Menschen dazu, wirklich Wagen*lenker* und nicht nur Wagen*fahrer* zu sein?

Untersucht man diese Frage, so wird man feststellen

können, daß es Situationen gibt, in denen verschiedene Leidenschaften gegeneinanderziehen. Die einen Pferde ziehen in die eine Richtung, die anderen in die entgegengesetzte. Dadurch entsteht dann eine Art Neutralisierung. Es kann aber auch geschehen, daß man nun als Lenker abwechselnd von einer Richtung in die andere geschleudert wird, um dann schließlich der stärkeren der beiden zu erliegen.

Zu den Leidenschaften des Menschen gehört die ganze Skala seiner Gefühle. Die Gefühle können in der Seele des Menschen als verschiedene Farben und in verschiedenen Stärkegraden leuchten. Und sie können so stark werden, daß der Mensch von ihnen weggerissen wird. Die deutsche Sprache kennt dafür das Wort «Selbstvergessenheit» (im Unterschied zu «Selbstlosigkeit»). Die Selbstvergessenheit ist passiv, der Wagenlenker vergißt zu lenken. (Die Selbstlosigkeit ist aktiv. Der Wagenlenker verzichtet auf bestimmte Ziele, denen er gerne nachgehen würde, zugunsten anderer, die ihm richtiger erscheinen.)

Aus der Selbstvergessenheit können – neben den jeweils entgegengesetzten Gefühlen – noch die Überlegungen und das Denken herausführen. Wir Menschen handeln nicht nur aus Instinkten, Trieben, Begierden und Gefühlen, sondern auch aus Überlegung, nach bestimmten Vorstellungen, die wir gebildet haben, oder nach Ideen, die wir im Laufe unseres Lebens erfaßt haben. Nur unterscheiden sich die Menschen nicht nur dadurch voneinander, welche Gefühle sie bei bestimmten Anlässen erleben, sondern auch durch ihre Vorstellungen und Ideen und vor allem auch die Kraft und Stärke derselben. Es gibt Menschen, die haben sehr viele Vorstellungen. Bei jeder Gelegenheit können sie mit irgendwelchen Vorstellungen aufwarten. Aber alle diese Vorstellungen haben erstaunlich wenig Kraft und können kaum die Zügel halten. Das Umgekehrte gibt es auch: Menschen, die nur wenige Ideen haben, aber diese wenigen Ideen führen sie mit einer gewaltigen Ausdauer und Kraft durch. Unter berühmten Politikern findet man Beispiele dafür.

Die Vorstellungen, nach denen wir handeln, verdichten sich mit der Zeit, aber oft unmerklich, zu Grundsätzen, nach denen wir handeln. So wird aus dem wiederholten Gedanken: «Ich will jetzt das tun, was mir am meisten Lust verschafft», langsam der Grundsatz: «Ich will nach Möglichkeit immer das tun, was mir am meisten Lust bereitet.» Auf diese Weise kann aus Vorstellungen ein Prinzip werden, wenn auch nicht alle Prinzipien des Handelns auf diese Weise entstehen.

Prinzipien oder Grundsätze brauchen nicht immer völlig bewußt und deutlich zu sein. Viele Menschen handeln nach diesem Prinzip: «Ich will nach Möglichkeit meinen eigenen Lustgewinn steigern», ohne sich das völlig klar gemacht zu haben. So kann es sein, daß man einem Menschen helfen will, aber der versteckte Grund für diese Handlung liegt in dem Prinzip, sich selbst ein besseres Gefühl (und damit Lust) zu verschaffen. Zuweilen findet man beim Schenken dasselbe vor. Dann schenkt man mit dem versteckten Hintergedanken, dafür auch etwas zu bekommen, Sympathie etwa. Vielleicht bemerkt man selbst nicht einmal, daß dieser Hintergedanke vorhanden ist, und täuscht sich darüber, denn gerade das Prinzip: «Ich will das tun, was mir Angenehmes beschert», gerade dieses Prinzip kann sich sehr gut verstecken und den Menschen gewissermaßen aus dem Hintergrund der Seele heraus leiten, während es auch andere Menschen gibt, die genau wissen, daß sie nach diesem Grundsatz handeln, und es auch aussprechen: «Ich weiß genau, was ich will, nämlich glücklich sein, und deshalb versuche ich, nur das zu tun, was mich glücklich macht.» Freilich, *was* einen glücklich macht, darüber gehen die Ansichten auseinander. Deshalb sucht auch der eine sein Glück im Reichtum und der damit verbundenen Macht, der andere in einem bescheidenen und gesunden Leben und ein dritter in einer Lebensführung, von der er sich verspricht, hinterher in den Himmel zu kommen. Alle haben das gleiche Prinzip ihres Handelns. Verkompliziert wird es oft dadurch, daß man nicht immer auf direktem Weg zu seinem Glück gelangt, sondern gewissermaßen Umwege dazu gehen muß. In Israel ist zum Beispiel in bestimmten politischen Kreisen, die eine friedvolle Verständigung mit den Arabern und speziell mit den Palästinensern anstreben, der Gedanke entwickelt worden, daß es ein Ziel der israelischen Außenpolitik sein sollte, die Wohlfahrt seiner Nachbarländer zu fördern. Denn erst wenn es den Nachbarländern gut gehe, würden sie auch in Frieden mit Israel leben können. Aus diesem Grund sollte sich Israel darum kümmern, Syrien bei der Bewässerung der großen syrischen Wüstengebiete zu helfen. Dadurch würde den Syrern eine landwirtschaftliche Lebensgrundlage geschaffen, die die Basis für eine friedliche Koexistenz von Arabern und Juden schüfe. – Hier ist das Ziel auch das eigene Glück (das

Glück Israels), aber dieses Ziel soll errreicht werden, indem zuvor das Glück der anderen gefördert wird. Das Prinzip der Förderung eigenen Glücks wird sehr praktisch durchdacht und mit kluger Weitsicht kombiniert, die bereit ist, auch Umwege in Kauf zu nehmen.

Sind nun diese Grundsätze des Handelns in der Lage, die Triebe zu bändigen? Man wird diese Frage wohl zweifellos bejahen dürfen. Das Prinzip, das eigene Glück anzustreben, kann durchaus Gefühle wie das Rachegefühl, den Wunsch nach Vergeltung eines Terroranschlages etwa, zurückdrängen. Spontan steigt vielleicht zunächst eine Emotion auf. Die Pferde ziehen gewaltig in eine Richtung. Dann ergreift der Wagenlenker den Zügel der Klugheit, macht sich zum Beispiel klar, daß es ihm letztlich nur schaden würde, Vergeltung zu üben, und bändigt dadurch die Pferde. Trotzdem ist es noch eine andere Frage, ob Handlungen, die dem Grundsatz folgen, das eigene Glück anzustreben, auch *freie* Handlungen sind. Beobachtet man genauer, so kann man bemerken, daß man Handlungen, die man aus Klugheit, eines bestimmten Zieles (hier des eigenen Nutzens) wegen unternimmt, in der Regel nicht besonders gerne ausübt. Man nimmt sie gewissermaßen nur in Kauf, weil man den Nutzen will. Stellt man sich aber unter einer freien Handlung eine solche vor, die man nur in Kauf nimmt? Wahrscheinlich hat man von einer freien Handlung doch eine andere Vorstellung. Sollten freie Handlungen nicht solche sein, die man selbst wirklich will und nicht nur in Kauf nimmt?

Nun ist der Grundsatz, das eigene Glück und das, was einem dazu am besten nützt, anzustreben, nicht das einzige gedankliche Prinzip, das der Grund oder das Motiv gedanklich geführten Handelns sein kann. Sämtliche *moralischen Gebote* sind ebenfalls gedankliche Gebilde, die man zur Richtschnur seines Handelns machen kann. Und diese Richtschnur kann wiederum zum Zügel oder zur Peitsche für Triebe und Begierden werden. Die in der abendländischen Welt berühmtesten moralischen Gebote sind wohl die Zehn Gebote des Moses, wie sie im Alten Testament der Bibel festgehalten worden sind. Handelt man frei, wenn man sich nach den Zehn Geboten richtet und sie befolgt? Für viele Menschen – besonders in früheren Jahrhunderten – besaßen diese Gebote eine große Kraft, und in der Auseinandersetzung mit etlichen Leidenschaften waren sie eine große Stütze. In manchen inneren Konflikten führen sie aber auch zu heftigen Kämpfen: Die Zuneigung, die tiefe Sympathie zu einem Menschen, der uns plötzlich begegnet oder den wir näher kennengelernt haben, kann dann zu großen Problemen führen, wenn gleichzeitig zum Beispiel die Bindung an einen anderen Menschen vorliegt. Die moralische Vernunft ist hier eindeutig: «Du sollst nicht untreu werden.» Was nun entstehen kann, ist ein quälender Kampf zwischen dem tiefen Gefühl der Zuneigung auf der einen Seite und dem Gebot der Moralität auf der anderen. Welche Seite hat recht? Und: wann handelt man frei? Handelt man frei, wenn man sich ganz der Leidenschaft der Liebe überläßt und die moralischen Gebote über Bord wirft? Für Menschen, die ganz auf dem Standpunkt der moralischen Vorschriften stehen, ist die Antwort klar: Wenn man einer verbotenen Leidenschaft nachgibt, handelt man zutiefst unfrei. Man wird durch eine heftige Sympathie vom Wagen gerissen und geschleift. Moralisch handelte man nur, wenn man die Leidenschaft überwinden würde. Aber selbst wenn man auf diesem Standpunkt steht: Hat nicht die Unterdrückung der Leidenschaft auch etwas Brutales an sich? Warum muß die Neigung, die Liebe zu einem anderen Menschen, gleich etwas so Schlechtes sein, daß man einen moralischen Vernichtungskrieg gegen sie zu führen hat? Hat diese Neigung überhaupt kein Recht? Es mag sein: Sich nur der Leidenschaft hinzugeben, hieße von ihr überwältigt, fortgerissen und unfrei gemacht zu werden. Aber die Leidenschaft bloß zu unterdrücken, bedeutet auch Unfreiheit. Im einen Fall überwältigt die Leidenschaft die Moral, im anderen wirft die Moral die Empfindungen und Gefühle nieder. Wirkliche Freiheit kann in keiner der beiden Handlungen liegen.

Kaum ein Denker hat sich so eingehend mit diesem Problem auseinandergesetzt wie Friedrich Schiller. Schiller stand für sich selbst auf dem Standpunkt der Moral und vertrat die Auffassung, daß der Mensch im Notfall immer in der Lage sein müßte, die Leidenschaft durch die Moral zu besiegen. Das sei in jedem Fall eine moralisch höherwertige und des Menschen würdigere Handlung, als von Trieben oder Leidenschaften fortgerissen zu werden. Aber ein Ideal sah Schiller in einem solchen Vorgehen nicht. Er empfand das Harte und Brutale, das darin liegen kann, eine Leidenschaft wie die Liebe zu bekämpfen. Der Mensch ist nicht nur Vernunft und Träger der Moral. Er ist auch ein Wesen, das fühlt und empfindet. Dies

Abbildung 2: Mithras. Marmorrelief (Loggia Scoperta, Vatikan)

letztere weniger ernst zu nehmen, hieße, dem Menschen etwas wegnehmen. Darüber hinaus wies Schiller darauf hin, daß das einmalige Niederwerfen der zum Feind der Moralität erklärten Leidenschaften noch nicht einen dauerhaften Erfolg verbürge: «Der niedergeworfene Feind kann wieder aufstehen, nur der versöhnte ist wahrhaft überwunden.»

Die durch die Moralität niedergeworfene Leidenschaft kann heimlich weiterleben, und dann entsteht ein sich immer wieder erneuernder und sich lang hinschleppender Konflikt. Es sei denn, es gelänge, den Feind nicht nur niederzuwerfen, sondern ihn zu töten.

In der antiken Kultur gibt es dafür ein eindrucksvolles Bild. In der einst mächtigen und weit verbreiteten Mithrasreligion findet sich immer wieder die Darstellung von dem Stierüberwinder Mithras, der dem Stier nachjagt, ihn überwindet und tötet. (Siehe Abb. 2.) Auf der beigefügten Abbildung sind sodann zwei Fackelträger zu sehen. Die Fackel des einen weist nach unten, die des anderen nach oben. Vor der Überwindung des Stieres – wenn er also noch wüten und sein Unwesen treiben kann – wird auch das dem Menschen in die Hand gegebene Licht der Vernunft nach unten abgezogen und dient nur der Befriedigung niederer Bedürfnisse. Nach dem Sieg über den Stier aber vermag dieses Licht nach oben zu weisen.

Vergleicht man die Plastik des Wagenlenkers mit dem Mithrasbildnis, wird der gewaltige Unterschied deutlich: die sicher geführten Pferde – der niedergeworfene und getötete Stier! Für Schiller dürfte der im Symbol des Wagenlenkers dargestellte Mensch das größere Ideal gewesen sein, vielleicht gerade deshalb, weil Schiller selbst viele Male den Kampf gegen den Stier geführt und gewonnen hat und – von dieser Handlungsweise nie völlig überzeugt – nach einem freieren Handeln des Menschen suchte. «Der niedergeworfene Feind kann wieder aufstehen. Nur der versöhnte ist wahrhaft überwunden.» Wodurch aber ist die Versöhnung möglich? Man kommt einen Schritt weiter, sobald man erst entdeckt, daß das Gefühl (etwa der Zuneigung und Sympathie) etwas ist, das selbst erst noch zu verstehen und zu deuten ist. Das Gefühl der Sympathie ist wie eine Sprache, durch die hindurch einem etwas gesagt wird. Aber das, was gesagt wird, entdeckt sich nicht so leicht. Versteht man aber nicht den Sinn, die Bedeutung, die sich hinter oder in dem Gefühl als dessen Zentrum verbirgt, so entsteht die Gefahr der Mißverständnisse. Vor allem Triebe und Begierden sind schnell zur Stelle und wollen dem Gefühl eine Deutung geben, die möglichst in ihrem Sinne liegt und ihnen Befriedigung verschafft. Dabei ziehen sie gerne auch den Verstand als ihren Knecht heran und geben ihm den Auftrag, Gedanken und Sätze zu erfinden, die ihr eigentliches Vorhaben – die Befriedigung *ihres* Hungers – etwas verkleiden und maskieren sollen. Auf solche Weise wird das Gefühl oft verkannt. Dann kommt es nicht nur zu inneren Kämpfen, sondern zwischen den beteiligten Menschen zu einem seelischen Scherbenhaufen. – Das Gefühl selber aber spricht seinen wahren Sinn nicht sogleich aus und auch nicht die Form, in der es weiterleben und gestaltet werden will. Gerade aber um die richtige zwischenmenschliche Form zu finden, in der sich ein Gefühl, seinem wahren Sinn gemäß, verwirklichen kann, bedarf es einiger Behutsamkeit und eines sicheren Erkenntnisvermögens. Zu erkennen ist aber im Sturm der Auseinandersetzungen nicht leicht, genauso wie man auf einer zu bewegten Wasseroberfläche nicht gut die umliegende Landschaft erkennen kann. Gelingt es aber, die richtige Lebensform für das zu finden, was sich durch das Gefühl hindurch aussprechen will, so erhalten merkwürdigerweise beide Seiten ihr Recht: das Gefühl und die Moral.

Schiller entwickelte die Auffassung, daß man zu diesem Ziel der Versöhnung am ehesten durch einen künstlerischen Sinn kommt, allerdings nicht durch jeden Sinn, der sich «künstlerisch» nennt, wohl aber durch einen künstlerischen Sinn, wie ihn Schiller verstand. Als Dichter hatte Schiller mehrfach erfahren, daß der Künstler die Ideen und Vorstellungen in seinem Kopf dem Material, mit dem er arbeitet, nicht aufzwingen darf. Dann arbeitet man nicht künstlerisch und kommt nicht vom Fleck. Goethe hatte zum Beispiel jahrelang einen dichterischen Stoff zur Hand und lebte mit der Vorstellung, aus diesem Stoff ein Epos zu schaffen. Der Stoff sollte in die Form des Epos (einer Erzählung in Versen) gebracht werden. Goethe stieß dabei aber auf Widerstände. Schließlich resignierte er und überließ Schiller den Stoff. Schiller griff ihn auf und erkannte, daß er sich nicht für die Form des Epos eignete, sondern für die des Dramas. So entstand der «Wilhelm Tell».

Im Leben gehören die Gefühle zu den Stoffen, für die der Mensch erst die richtige Form finden muß. Die Gefühle und Leidenschaften sind dann nicht das schlichtweg Unvernünftige und Unmoralische. Schaut man mit geduldigem, künstlerischem Sinn tiefer in sie hinein, so kann in ihnen ihr vernünftiger und moralischer Sinn entdeckt werden: Der Künstler wird so zum Wagenlenker, der nicht herabspringen muß, um eine wütende Leidenschaft zu töten. Der Wagenlenker erkennt den wahren Sinn des Gefühls und lenkt es in seine rechte Bahn. Das ist zugleich ein Versuch, Freiheit zu verwirklichen. Weder vom Sturm des Gefühls soll Unfreiheit ausgehen, indem es den Menschen blindlings mit sich mitreißt, noch von der Moral soll Unfreiheit ausgehen, indem sie die Gefühle fesselt oder tötet.

Moralische Vorschriften und Gebote können noch in einer weiteren Hinsicht die Freiheit des Menschen behindern. Zwar standen die Gebote der Moral für Schiller zweifelsfrei höher als das Handeln aus Trieben und Begierden – deshalb sagte Schiller auch, daß man notfalls immer im Sinne der Moral und gegen die Triebe müsse handeln können; notfalls müsse man in der Lage sein, den Stier zu töten –, aber eine Frage stellte sich Schiller nicht, nämlich die, warum das so ist. Für Schiller war es selbstverständlich, daß aus Moral zu handeln höherwertiger sei sei, als aus Trieben zu handeln. Aber kann man das begründen? Oder, anders gefragt: wie komme ich überhaupt dazu, die Gebote der Moral anzuerkennen? Warum sind, wenn auch vielleicht nicht alle, so doch bestimmt viele Gebote der Moral auch für mich gültig? Habe ich darüber schon einmal nachgedacht?

Noch vor hundert Jahren kam es einer empörenden Sensation gleich, als der Philosoph Friedrich Nietzsche diesen Fragen nachging und erforschen wollte, woher die moralischen Vorschriften stammen. Die Empörung kam auch daher, weil man sich durch den bloßen Versuch, dem Ursprung der Moral nachzugehen, sogleich dem Verdacht aussetzte, die Moral untergraben und zerstören zu wollen, was im Falle Nietzsche nicht einmal völlig falsch war.

Aber warum stellt man überhaupt diese Fragen nach dem Ursprung der Moral? Man stellt sie wohl dann, wenn man bemerkt, daß man, wenn man moralischen Geboten folgt, einer nie so ganz durchschauten äußeren Autorität folgt, von der diese Gebote ausgehen. Als Kind hat man diese Gebote gehört und ist nach ihnen erzogen worden: Du sollst nicht lügen, du sollst nicht stehlen, du sollst treu sein und so weiter. Vielleicht ist man auch bei Übertretungen dieser Gebote bestraft worden. Vielleicht hat man auch gesagt bekommen, daß diese Gebote von Gott dem Menschen gegeben worden seien. Deshalb habe man ihnen zu folgen. Wie immer dem auch sei, man hat sich langsam an sie gewöhnt. Aber bedeutet Gewöhnung schon, daß das, was die moralischen Gebote sagen, auch wahr und sinnvoll ist? Wer anfängt, so zu fragen, tut das aus einem unterschwelligen Freiheitsbedürfnis heraus, vielleicht sogar aus einem ganz bewußten Freiheitsdrang. «Die moralischen Gebote sagen, daß Lügen schlecht und böse sei und daß man nicht lügen dürfe. Aber läßt sich das auch einsehen, oder nehme ich das einfach nur hin? Wenn ich das einfach nur hinnehme, vielleicht weil ich mit diesem Glauben von Kindheit an aufgewachsen bin und nichts anderes kenne, dann bin ich nicht wirklich frei.» Wenn die Gebote von einem einzelnen Menschen gegeben worden sind, wenn sie von Gott stammten, wenn sie von der Gesellschaft aufgerichtet und tradiert worden sind: ich folge jedesmal einer äußeren Autorität, wenn ich die Gebote anerkenne und ihnen zu folgen versuche. Das ist sogar in einem Sonderfall so, nämlich dann, wenn die Gebote nicht von außen vorgeschrieben werden, sondern aus meinem Inneren als Stimme des Gewissens sprechen.

Das Gewissen kann eine gewaltige Autorität besitzen. Meistens tritt es auf als Mahner. Dem Gewissen zu folgen, bedeutet jedoch nicht immer, daß man dann moralisch handelt. Wieviele Menschen haben sich nicht bei den grauenvollsten Verbrechen hinterher darauf berufen, daß sie ein völlig reines Gewissen gehabt hätten. Andererseits: vielleicht hat in diesen Fällen ihr Gewissen nur geschwiegen, vielleicht hat es zwar gesprochen, aber sie haben es überhört oder zum Schweigen gebracht. Aber selbst wenn man dem Gewissen folgt und dadurch moralisch handelt, so folgt man doch einer fremden Autorität. Zwar spricht sie im eigenen Inneren zu mir, aber damit ist sie etwas anderes als ich selbst. *Sie* spricht zu *mir,* das heißt: sie ist nicht *ich.* Mögen die Dinge, die das Gewissen sagt, noch so wichtig sein und mich mahnen: ich bin es zunächst nicht selbst, der spricht. Folge ich dem Gewissen, so folge ich einem fremden Willen, auch wenn dieser in meinem eigenen Inneren auftritt und vielleicht sogar gebieterisch Unterwerfung verlangt. Es gibt durchaus solche Gewissensstimmen, die mit beharrlicher Penetranz Unterwerfung verlangen, und erst Ruhe geben, wenn sie ihren moralischen Willen bekommen haben. Das Gewissen hat seinen Willen bekommen. Ist das aber auch mein Wille? Bin ich frei, wenn ich dem Gewissen seinen Willen erfülle? Nicht viele Menschen werden so fragen. Wer bis zu diesem Punkt des Fragens vordringt, in dem lebt ein starker Impuls, wirklich frei zu sein und niemandes Knecht. Wie aber beantworten wir die Frage selbst? Sind wir frei, wenn wir dem Gewissen folgen? Aus dem Vorausgegangenen ergibt sich, daß man die Frage wohl wird verneinen müssen. Wir folgen einer fremden Macht, sei sie auch noch so moralisch. Wir produzieren als Knechte des Gewissens zwar moralische Handlungen, frei sind wir dadurch aber nicht.

Das scheint zunächst einleuchtend. Aber muß das immer so sein, daß man immer nur ein blinder Knecht des Gewissens (oder einer äußeren moralischen Autorität) ist? Kann ich nicht auch ganz aus freien Stücken dem Gewissen folgen? Kann mich nicht seine gebieterische Stimme nicht im mindesten schrecken, geschweige denn zwingen? Kann ich nicht dem Gewissen folgen, nicht weil das Gewissen mich dazu nötigt, sondern weil ich ihm folgen will? Ja. Das alles ist möglich. Ich kann aus freien Stücken dem Gewissen folgen, weil ich es will und nicht, weil mich die Stimme des Gewissens bedrängt oder nötigt. Aber wann tue ich das? Was sind meine Gründe dafür, dem Gewissen aus eigenem Willen zu folgen? Ich folge dem Gewissen aus eigenem Willen wohl dann, wenn ich das, was das Gewissen sagt, selber einsehe und für sinnvoll halte. Wenn mich das, was das Gewissen sagt, inhaltlich überzeugt, dann ist dieser Inhalt selbst Grund meines Handelns, dann fällt das, was ich selbst will, weil ich sachlich davon überzeugt bin, mit der Stimme des Gewissens zusammen. Dann folge ich aber im

Grunde gar nicht mehr der Stimme des Gewissens, sondern meiner eigenen Einsicht.

Diese Stufe des *Handelns aus Einsicht* in die inhaltlichen Gründe eines Gebotes bedeutet einen wichtigen Fortschritt auf dem Wege zur Freiheit. Das gilt sowohl für die von außen kommenden Gebote fremder Autoritäten wie für die im Inneren sprechende Gewissensstimme. Die Vorschrift einer Geschwindigkeitsbeschränkung kann in mir zunächst das Gefühl von Unfreiheit erzeugen. Sodann kann ich ihr folgen, weil ich die Autorität des Staates anerkenne, da ich ein autoritätsgläubiger Mensch bin und zudem keine Strafe bezahlen will. Auf der Stufe der Einsicht schließlich kann ich die Vorschrift befolgen, weil ich sie für sinnvoll und völlig berechtigt halte. Die Gründe meiner Einsicht können vielfältig sein. Jährlich sterben weltweit 200000 Menschen durch Verkehrsunfälle. Hauptursache: überhöhte Geschwindigkeit. Sodann nehmen mit der Höhe der Geschwindigkeit auch die Schadstoffemissionen zu. – Wenn ich diese Sachverhalte bedenke, dann ist eine Begrenzung der Geschwindigkeit sinnvoll. In dem Maße, in dem solche Überlegungen in mir leben, verlieren die Geschwindigkeitsschilder für mich ihren Charakter, mich unfrei zu machen. Ich folge ihren Angaben auch nicht mehr aus Autoritätsgläubigkeit oder Angst vor Geldbußen, sondern aus Einsicht in ihre Begründung.

Ähnlich kann es sich mit allen von außen ausgesprochenen Vorschriften und auch denen des Gewissens verhalten. Wenn ich das Verbot der Eltern einsehe, mir sein Inhalt als berechtigt erscheint und mich diese Gedanken genügend stark durchdringen –

aber auch nur dann – verliert ihr Verbot seinen Stachel.

Desgleichen kann man versuchen, auch die Gebote der Moral und des moralischen Gewissens einzusehen. Damit sind wir wieder bei der Frage, ob die moralischen Vorschriften anders als nur autoritär begründbar sind. Man kann auch anders formulieren: Kann man den Inhalt der moralischen Vorschriften genauso klar einsehen wie einen mathematischen Sachverhalt? Kann man den Satz: «Du sollst nicht lügen» ebenso sicher begründen wie den Satz, daß die Winkelsumme eines Dreiecks 180° beträgt? Wenn mir das nicht möglich wäre: warum folge ich dann dem Gebot? Jedenfalls nicht aus Einsicht. Es wäre ungefähr so, als ob ich auch die mathematische Behauptung, daß $2+5=7$ ist, nur auf gut Glauben akzeptieren würde oder weil die Gesellschaft sich darauf geeinigt hätte oder aufgrund der Autorität derjenigen Leute, die diesen Satz vertreten. Man beobachte aber einmal den Gesichtsausdruck eines kleinen Kindes, das gerade rechnen lernt, und zwar einmal, wenn es ein Ergebnis mitgeteilt bekommen hat, ohne noch so recht zu verstehen, das andere Mal, wenn es versteht, und schließlich, wenn es verstehend selbst entdeckt. Nur im zweiten und dritten Fall findet man ein freudiges Leuchten der Augen, im ersten Fall bleiben sie blaß oder wenden sich suchend und etwas irritiert ab. Sind wir nun hinsichtlich der moralischen Gebote nicht vielfach in der Lage des kleinen Kindes, das eine mathematische Wahrheit wohl hört, aber noch nicht versteht? Laufen wir vielleicht auch deshalb hinsichtlich der moralischen Vorschriften, wenn wir nach ihrer

Begründung gefragt werden, mit blassen oder verlegen abwärts blickenden Augen herum? In der Geschichte der Philosophie haben Philosophen verschiedene Begründungsversuche der moralischen Vorstellungen entwickelt. Wenigstens ein Begründungsverfahren soll hier als Beispiel dargestellt werden. Es stammt von Immanuel Kant.

Kant nahm die Sätze der Moral zunächst so auf, wie sie in der damaligen Gesellschaft oder im Gewissen in Erscheinung traten, und formulierte dann eine Idee, von der er glaubte, daß sie allen moralischen Vorstellungen zugrunde läge. Er suchte gewissermaßen nach dem Prinzip, das allen Moralgeboten als deren Gemeinsames vorangeht. «Was ist das gemeinsame Grundprinzip der uns bekannten Moralgesetze?» Das ist die Frage, auf die Kant zunächst eine Antwort geben wollte. Er tat das in einer dann berühmt gewordenen Formel: «Handle stets so, daß du die Maxime deines Handelns zugleich als ein allgemeines Gesetz wollen kannst.» In diesem Gedanken glaubte Kant das Grundprinzip aller moralischen Gebote gefunden zu haben. Wie ist seine Formel zu verstehen? Mit dem Ausdruck «Maxime» ist der Grundsatz gemeint, nach dem ein Mensch in den verschiedensten Situationen handelt. Beispiele für einen solchen Grundsatz (eine Maxime) haben wir schon kennengelernt: der Gedanke: «Ich will möglichst das tun, was mir am meisten Glück verschafft», kann eine Maxime des Handelns sein, ebenso natürlich jedes moralische Gebot, zum Beispiel: «Ich will nie lügen», «Ich will nie stehlen» und so weiter. Die Kantische Formel besagt nun, daß eine Maxime immer dann im moralischen Sinne «gut» sei, wenn man sie verallgemeinern könne und diese verallgemeinerte Maxime «zugleich» mit der Ausgangsmaxime bestehen könne, das heißt wenn die beiden keinen logischen Widerspruch zueinander bilden. Genauer: man muß sowohl seine Maxime als auch ihre Verallgemeinerung *wollen* können, ohne damit etwas Widersprüchliches zu wollen. Habe ich zum Beispiel die Maxime: «Ich soll nie lügen», so lautet die Verallgemeinerung dieser Maxime: «Alle Menschen sollen nicht lügen». (Durch die Verallgemeinerung wird die Maxime zum «allgemeinen Gesetz», wie es in Kants Formel heißt.) Und nun ist zu prüfen, ob ich sowohl das eine (die Ausgangsmaxime) als auch das andere (ihre Verallgemeinerung zum allgemeinen Gesetz) *wollen* kann, ohne mich dadurch in einen Widerspruch zu verwickeln. Das ist im vorliegenden Beispiel ohne weiteres möglich. Es ist nicht widersprüchlich, wenn ich nicht lügen will und zugleich will, daß auch alle anderen nicht lügen. Nimmt man aber umgekehrt die Maxime: «Ich will lügen», so gerät man nach Kant in einen Widerspruch, wenn man zugleich ihre Verallgemeinerung zu einem allgemeinen Gesetz will. Es ist widersprüchlich, selbst lügen zu wollen und zugleich zu wollen, daß auch alle anderen lügen, denn dadurch hebe ich den Sinn meiner Maxime auf: Wenn ich lügen will, so will ich mir dadurch in der Regel vor anderen einen Vorteil verschaffen, und zwar auf Kosten der anderen, die ich belüge. Wenn ich nun zugleich will, daß auch die anderen sich durch Lügen einen Vorteil verschaffen sollen, so ist das unsinnig. Wenn alle lügen, hat meine Lüge keinen Effekt mehr und führt nicht zu dem gewünschten

Erfolg. In dieser logischen Widersinnigkeit glaubte Kant ein Erkennungszeichen aller unmoralischen Handlungen zu sehen, und umgekehrt war er der Auffassung, daß alle im moralischen Sinne guten Maximen *nicht* zu dem dargestellten Widerspruch führen würden.

In dem ganzen Gedankengang kommt die Idee zum Ausdruck, daß die unmoralischen Handlungen zugleich etwas Un-Logisches seien. Unmoralische Handlungen setzen die Gemeinschaft der Menschen zwar voraus, aber beabsichtigen zugleich, die Gemeinschaft zu zerstören. Darin liegt das Un-Logische des Un-Moralischen: das Un-Moralische ist logisch widersinnig wie ein falsches mathematisches Urteil. Ich kann nicht zugleich in der Gemeinschaft leben wollen und sie zerstören wollen. Natürlich kann man unmoralisch handeln, aber dann handelt man im Grunde unlogisch und widersprüchlich und verdeckt sich dies nur oder bemerkt es nicht. Darin liegt der Kern der Überlegungen Kants. Durch sie können die moralischen Gebote um eine Stufe verständlicher werden; und wer dieses Verständnis zum Grund seines Handelns macht, der befolgt ein moralisches Gebot nicht mehr, weil es eine Autorität besitzt, sondern weil er es bis zu einem gewissen Grade eingesehen hat. Er befolgt es, weil er sich sagt: Ich will mich bei meinen Handlungen nicht in logische Widersprüche verwickeln. – Die Einsicht tritt an die Stelle der Vorschrift, und an die Stelle des «du sollst» tritt ein «ich will».

Man könnte allerdings versucht sein, eine kritische Frage zu stellen: Was ist denn der Grund dafür, daß ich logisch handeln will? Warum nicht auch unlogisch? Aus welchem Grund entscheide ich mich für das eine und gegen das andere? Jemand, der sich tatsächlich in einem konkreten Fall dazu durchgearbeitet hat, aus Einsicht zu handeln, wird wohl eine einfache Antwort auf diese Frage geben: Mein Grund ist die gewonnene Einsicht selbst. Sie spricht für sich. Hinter ihr gibt es keine weiteren Gründe. Nach solchen Gründen noch weiter zu fragen, ist eine rein theoretische Spielerei. Wer wirklich eine Einsicht gewonnen hat, hat in ihr auch den Grund seines Handelns gefunden, und für ihn stellt sich die Frage nicht, warum er sich nicht für das Gegenteil des Einsichtigen entschieden hat. Die gewonnenen Einsichten über die Begründungen der Moralprinzipien verhalten sich zu diesen wie mathematische Axiome zu einzelnen mathematischen Sätzen. Wer sich um ein Verständnis der moralischen Vorschriften bemüht, versucht zu Grundaxiomen vorzustoßen. In der philosophischen Geschichte ist man natürlich noch zu weiteren Axiomen neben der Kantischen Formel gekommen. Diese Axiome sind einsehbar und können als Leitmotiv möglichst aller Handlungen dienen. Zu diesen Leitmotiven gehört zum Beispiel die Idee, immer so zu handeln, daß dadurch möglichst viele Menschen in einem möglichst hohen Maße glücklich werden. Jeremy Bentham verwendete dafür die Formel vom «größten Glück der größten Zahl». Wem diese Formel einleuchtend ist, der wird seine Handlungen nach ihr einrichten, und er ist dabei auch nicht gezwungen. Er handelt aus Einsicht in den von ihm verstandenen Sinn dieser Formel und ist dadurch in einem hohen Maße frei. Denn wodurch wäre er gezwungen? Durch seine Triebe und

Leidenschaften? Nein, denn er handelt nicht aus ihnen, sondern aus einem ideellen Prinzip. Durch moralische Gebote? Auch nein, denn diese sind bei ihm an die zweite Stelle gerückt. In erster Linie handelt er, weil ihm das Ziel des größten Glücks der größten Zahl einsichtig ist, und die Befolgung der moralischen Gebote dient ihm nur zur Erreichung seines selbst gewählten Ziels.

Ist man mit diesem Ergebnis nun am Ziel? Hat man die Lösung nach der Frage der Freiheit endlich gefunden? Frei handelt man, wenn man aus Einsicht handelt? Gibt es nicht aber doch Erfahrungen, die dem widersprechen? Gibt es nicht Fälle, wo man eine Vorschrift einzusehen sich redlich Mühe gegeben hat, sie schließlich sogar eingesehen und ihr entsprechend gehandelt hat, wo aber das Gefühl, das man dabei empfand, alles andere als ein Freiheitsgefühl war? Woran liegt das? Man hat sich nach der Einsicht gerichtet, hat nach ihr gehandelt, aber frei hat man sich dabei nicht gefühlt! Solche Erfahrungen können einen die These, daß die Freiheit im Handeln aus Einsicht liege, verdächtig oder zumindest nur theoretisch, nicht aber praktisch überzeugend erscheinen lassen. Es ist wichtig, auf solche Erfahrungen näher einzugehen und sich klar zu machen, was in ihnen vorliegt.

Eine Einsicht kann von Menschen in verschiedener Weise aufgefaßt werden. Sie kann eine rein theoretische Einsicht sein, aber dann bleibt sie meistens recht wirkungslos. Dann führt sie nicht unbedingt zum Freiheitserlebnis – im Gegenteil. Einer theoretischen Einsicht zu folgen, kann in der Tat eine mühsame, sogar quälerische Sache sein. Unter Umständen fühlt man sich sogar viel freier, wenn man sich zum Beispiel den Wunsch erfüllt, gegen den die Einsicht spricht. Dieser Fall ist allerdings in Wirklichkeit eine Täuschung und hat mit einer echten Erfahrung von Freiheit nur wenig zu tun. Wenn man sich einen Wunsch erfüllt, gegen den die eigene Einsicht sprach, so hat man sich damit den Wunsch vorläufig vom Hals geschafft. Man hat ihn befriedigt, nun schweigt er vorerst still. Vergleichbar ist diese Situation mit dem Hunger. Hunger zu haben, ist ein unangenehmes Gefühl, und den Hunger zu stillen, wirkt dann wie eine Befreiung vom Hungergefühl. Auch die Befriedigung eines Wunsches wirkt in ähnlicher Weise: Man wird vom Wunsch durch seine Befriedigung befreit und erlebt dies als Freiheitsgefühl. Wenn aber zuvor Wunsch und Einsicht miteinander im Konflikt lagen, so bedeutet die stärkere Macht des Wunsches das schon behandelte Ausbrechen der Pferde des Wagenlenkers. Ihnen nachzugeben, befreit zwar vom unangenehmen Reißen der Zügel in den Händen, ist aber, wie wir gesehen haben, nicht Freiheit. Umgekehrt kann man gerade die Erfahrung machen, daß wirkliche Einsicht kaum je der Befriedigung der gesunden Triebe und Begierden des Menschen widerspricht. Was aber das Beispiel zeigt, ist, daß eine theoretische Einsicht nicht unbedingt stärker ist als die Wünsche der Seele. Hier sind vielmehr die Menschen unterschiedlich veranlagt. Die Geschichte hat Menschen hervorgebracht, die eine so intensive Liebe zu ihren ideellen Einsichten entwickelten, daß demgegenüber die Stimmen vieler Triebe und Wünsche immer mehr verstummten. Andere Menschen gelangen zwar zu den Einsichten, aber diese bleiben ihnen blaß und wenig anziehend, geschweige denn, daß sie ihnen gegenüber das Gefühl des Verliebtseins empfänden. Vielmehr kostet es sie erhebliche Überwindung, der eigenen Einsicht zu folgen.

G. E. Lessing hat in seinem Schauspiel «Nathan der Weise» diesen letzten Fall dargestellt: Der Jude Nathan ist in Jerusalem von fanatischen Kreuzzugsrittern überfallen worden. Seine sieben Kinder wurden ermordet. In tiefstem Schmerz weint, stöhnt und schreit Nathan über den brutalen Verlust seiner Kinder, als ihm von einem unbekannten Reiter ein kleines, in Windeln gewickeltes Christenkind vor die Haustür gelegt wird. Und nun entsteht in Nathan für einen kurzen Augenblick ein gewaltiger innerer Kampf. Das spontan aufsteigende Gefühl der Vergeltung – im Judentum zudem sanktioniert in dem «Auge um Auge, Zahn um Zahn» – ringt mit einer Einsicht, die sich Nathan selbst und gegen die Denkgewohnheiten seiner Religionsgemeinschaft errungen hat, nämlich mit der Einsicht, daß Hilfsbereitschaft und Liebe wertvollere Kräfte sind als Haß und Vergeltung. Diese Einsicht besitzt Nathan schon lange, aber sie in dieser Extremsituation auch zu leben, kostet ein hohes Maß an Überwindung. Er berichtet später, wie er sich selbst in dieser Situation zugerufen hat: «Übe, was du längst begriffen hast.» Nathan gelingt es tatsächlich, seine Einsicht zu leben. Er nimmt das Christenkind auf, und aus dieser Tat entstehen ihm solche Gedanken, die ihm die Situation in einem neuen Licht erscheinen lassen: Nicht Gelegenheit zur Vergeltung ist das Christenkind, sondern Nathan begreift es nun als einen gütigen Ausgleich für den Verlust seiner eigenen Kinder und nimmt es an Kindes Statt an: «Auf *sieben* nun doch schon eines wieder.»

In dieser Szene zeigt Lessing, daß das theoretische Erfassen einer Einsicht und sie zu leben zweierlei ist. Die rein theoretische Einsicht ist im Grunde nur ein Keim, ein Samenkorn, das nur potentiell sein Leben entfalten kann. Das Samenkorn bricht nur auf, wenn geeignete Bedingungen für sein Wachstum vorliegen wie Licht, Wärme und Feuchtigkeit. Und man kann den Eindruck gewinnen, daß es gerade der Überwindungsprozeß ist, der dem Samenkorn der eigenen Einsicht nun die Bedingungen schafft, sein Leben auch zu entfalten. Die Überwindung erzeugt hier die Wärme, das erneute klare Erkennen das Licht, der vorgängige Schmerz die Nährstoffe, die das schlummernde Leben des Samenkornes erwekken. Nun bleibt die Einsicht nicht blaß, trocken und tot. Ihr gemäß zu handeln, erzeugt nun nicht ein mißliches und unvergnügtes Gefühl, sondern ein tief beseligendes Gefühl der Freiheit. Man kann an diesem Beispiel erkennen, daß eine Einsicht erst noch zum Leben erweckt werden muß, wenn sie die Erfahrung der Freiheit ermöglichen soll.

In der modernen Kultur der Gegenwart gibt es ungezählte Einsichten, die nicht leben. Man kann die Moderne geradezu als das Zeitalter beschreiben, in dem ungezählte Einsichten vorhanden sind, ohne wirksam zu werden. Sie sind theoretisch vorhanden, aber sie werden nicht vom Herzen ergriffen und führen nicht zu einem entsprechenden Handeln. Über die Umweltzerstörung weiß man unsäglich viel, aber in der Zivilisation als ganzer – abgesehen also von einigen Einzelnen und auch einzelnen Gruppen – geschieht im Grunde wenig. Vielmehr tritt hier genau der zuvor beschriebene Fall ein: Der eigenen Einsicht zu folgen, wird nicht als Gefühl der Befreiung erlebt, sondern im Gegenteil als unzumutbare Einschränkung der «Freiheit». Der moderne Mensch der Gegenwart ist offenbar nur in einigen wenigen Helden ein Nathan, der die eigenen Einsichten zum Leben erwecken und sie in seinem Handeln leben lassen kann. Was aber kann man tun, daß die Ideen nicht nur kluge, aber unbequeme Strukturen im Kopf bleiben, sondern im Herzen leben und das Handeln befeuern?

Der Mensch

Das Leuchten der Augen eines kleinen Kindes, das gerade rechnen lernt, ist groß, wenn es einen Sachverhalt verstanden hat, aber es ist noch um vieles strahlender, wenn es eine mathematische Gesetzmäßigkeit selbst entdeckt. Es handelt sich dann um eine eigene Erfindung, die zugleich ganz objektiv und Teil eines umfassenden, gesetzmäßigen Ganzen ist. Auf das menschliche Handeln übertragen, führt dieses Bild zu einer noch höheren Stufe der Freiheit: zur Stufe der eigenen *moralischen Erfindung*. Diese höchste Stufe der Freiheit ist das Zentrum der «Philosophie der Freiheit» Rudolf Steiners. Im Handeln aus Einsicht in ein moralisches Gebot liegt – wie wir gesehen haben – ein hoher Grad an Freiheit vor. Weder von Trieben und Leidenschaften noch von autoritären Moralvorschriften wird man unfrei gemacht. Man folgt einem Prinzip, weil man es selbst inhaltlich eingesehen und zum Leitfaden seiner Handlungen gemacht hat. Dieses Prinzip selber aber hat man vorgefunden. Es war schon da. Dann hat man es begriffen, wie das kleine Kind, das eine Lösung verstanden hat. Man hat es aber nicht erfunden. Warum soll aber nicht auch das möglich sein: moralische Ideen zu erfinden? Wird nicht das Leuchten der Augen noch um vieles strahlender werden, wenn man selber erfunden hat? Aber wie macht man das? Sollen wir alle Moralerfinder werden? Gehört zum Erfinden nicht Begabung und Genie? Aber nicht jeder ist ein kleiner Carl Friedrich Gauß, der grandiose mathematische Formeln erfunden hat. Die Antwort Rudolf Steiners lautet: Nicht jeder ist ein moralischer Erfinder, ein moralisches Genie, aber jeder kann es werden! Schon allein in dieser Idee liegt etwas Grandioses und Befreiendes: Ich brauche nicht so zu bleiben, wie ich bin. Ich kann mich entwickeln und ein Erfinder und Genie werden. So wie ich bin, bin ich vielleicht eingeschränkt und begrenzt, aber es gibt die Möglichkeit, selbst moralische Ideen zu entdecken und das zu üben, so daß durch das Üben schließlich immer mehr ein Genie entwickelt wird.

Der Erfinder oder Entdecker einer moralischen Idee unterscheidet sich in mehrfacher Hinsicht von einem Menschen, der sich einem moralischen Gebot oder der Stimme des Gewissens unterworfen fühlt, und auch von einem Menschen, der aus Einsicht in ein vorgefundenes Prinzip handelt. Eine moralische Vorschrift und ein Leitmotiv des Handelns haben einen unbeweglichen, starren Charakter. Sie gelten immer, unabhängig davon, in was für eine Situation man kommt. Habe ich mir das Prinzip des größten Glücks der größten Zahl zur Richtschnur erwählt, so ist meine Devise in allen nur denkbaren Situationen festgelegt: Ich muß mich fragen, wie ich in dieser Lage so handle, daß dadurch ein möglichst hohes Maß an Glück einer möglichst großen Zahl von Menschen hervorgebracht wird. Nach einer gewissen Dauer wird man darin Übung bekommen und gewissermaßen zu einem Spezialisten für Glücksförderung im genannten Sinne. Ein Prinzip oder ein Gesetz gilt immer, und dadurch erhält auch das Handeln einen genormten und einförmigen Charakter. Anders ist das bei der Erfindung einer moralischen Idee. Hier geht es nicht um die Erfindung eines Grundprinzips für alle Handlungen, sondern für jede Lebenssituation kann eine ganz individuelle moralische Idee gefunden werden. Befinde ich mich zum Beispiel in einer ganz konkreten zwischenmenschlichen Problematik, so ist für diese Situation die zu ihr hinzugehörende moralische Idee zu finden, und das ist ganz etwas anderes, als von vornherein zu wissen: Hier gilt das Gebot der Treue oder das Prinzip vom größten Glück der größten Zahl.

Diese Art zu handeln kann für einen Menschen, der entschieden auf dem Standpunkt der moralischen Gebote steht, sehr irritierend und beunruhigend wirken. «Wenn das Gebot der Treue nicht von vornherein absolut und unverbrüchlich feststeht, dann kann nichts Gutes bei der Sache herauskommen», so wird er vielleicht denken und befürchten, daß das Aufsuchen einer besonderen moralischen Idee dazu dienen könnte, gegen das Gebot der Treue zu verstoßen und dies dann zu beschönigen. Wer so denkt, hat noch nicht erfaßt, was eine moralische Idee ist. Daß seine Angst unbegründet ist, möge zunächst durch einen schon mehrfach herangezogenen Vergleich verdeutlicht werden. Wenn auf dem Gebiet der Mathematik eine Entdeckung gemacht worden ist, so hat sich diese Entdeckung stets in den natürlichen Zusammenhang aller mathematischen Gesetze eingefügt. Sie hat das Gebiet dieser Gesetze für den Gesichtskreis des Menschen erweitert, sich aber nie in Widerspruch zu den bekannten Gesetzen gestellt. Das kann auch gar nicht anders sein, denn die Welt der Mathematik ist eine in sich zusammenhängende geistige Welt, in der es keine Fremdkörper gibt. Ebenso bildet die moralische Welt einen Zusammenhang, in dem sich die verschiedenen moralischen Gebilde nicht gegenseitig ausschließen oder widersprechen. Deshalb sagt auch Rudolf Steiner in der «Philosophie der Freiheit»: «Die Handlung aus Freiheit [nämlich die Erfindung einer moralischen Idee; V.W.] schließt die sittlichen Gesetze nicht etwa aus, sondern ein; sie erweist sich nur als höherstehend gegenüber derjenigen, die nur von diesen Gesetzen diktiert ist.» Eine individuell gefundene moralische Idee ist eine *Überbietung* einer allgemeinen moralischen Vorschrift, sie kann nicht im Widerspruch zu ihr stehen. Würde sich tatsächlich ein Widerspruch ergeben, so handelte es sich entweder um eine fehlerhafte allgemeine Vorschrift oder um eine fehlerhafte, verzerrte moralische Idee. Daß eine moralische Idee wirklich «gut» ist, erkennt man daran, daß sie «in der rechten Art in dem ... Weltzusammenhang drinnensteht». Darin liegt also ein erster Unterschied zwischen der Erfindung einer moralischen Idee in einer besonderen Situation und dem Handeln nach von vornherein feststehenden Prinzipien: Durch den Versuch, für die jeweilige Situation die zu ihr gehörende moralische Idee zu erfinden, wird das Handeln nicht genormt oder schematisch. Es ist offen. Es ist auch durchaus möglich, daß man nicht erst in einer konkreten Situation, einer Problemlage, die entsprechende moralische Idee entdeckt, sondern sich diese zusammen mit anderen Ideen schon vorher in geistiger Arbeit errungen hat. In der bestimmten Lebenssituation wählt man dann aus der Menge der moralischen Ideen, über die man verfügt, diejenige aus, die man als die richtige erkennt. Der freie Geist wählt sie aus und verwirklicht sie, weil er sie liebt, wie jeder Entdecker auf dem Gebiet des Geistigen seine Entdeckungen liebt. Es verbindet den freien Geist zu der von ihm entdeckten moralischen Idee eine Herzensbeziehung. Das Handeln aus Einsicht in einen theoretischen Gedanken kann Überwindung erfordern. Der *Erfinder* ist mit ganzem Herzen bei seiner Erfindung. Hier gibt es nicht die Kluft zwischen dem theoretisch Verstandenen und dem praktischen Tun, denn das eigene Herz schlägt für die eigene Idee.

Jeder Mensch wird auch zu einer anderen moralischen Idee gelangen. Das macht den zweiten Unterschied aus. Durch das Handeln nach Geboten oder Grundprinzipien werden die Menschen in geistiger Hinsicht gleichförmig gemacht. Sie alle handeln nach den gleichen Prinzipien, sie tragen geistig die gleiche Kleidung, die gleiche Uniform. Anders ist das bei den Menschen, die versuchen, sich über die Prinzipien oder Normen zu erheben, indem sie zu Erfindern und Entdeckern moralischer Ideen werden. Sie leben in verschiedenen Lebenslagen und haben verschiedene Ideen erfaßt, und gerade die Verschiedenheit der in ihnen lebenden Ideen macht ihre Individualität aus. Die Summe der in uns wirksamen Ideen macht das aus, was bei aller Allgemeinheit der Ideenwelt in jedem Menschen individuell geartet ist.

Wer sich selbst moralische Ideen erarbeitet hat, wer

selbst moralisch produktiv ist, wird eine merkwürdige Erfahrung machen können: Er wird anfangs nur ganz zart, dann aber immer mehr erleben, wie er durch seine eigenen Ideen sich selbst immer mehr verwirklicht. Er wird das tief beglückende Gefühl haben: «Das bin ich». So bin ich wirklich, nämlich der, der diese Ideen hervorbringt und sie liebt. Man wird bemerken, daß dieses Ich, das diese bestimmte Idee erfunden hat, immer weiter wachsen kann. Zuvor hat man im Grunde immer nur eine Ahnung von sich selbst gehabt. In dem schöpferischen Hervorbringen kann man – unter Umständen zum ersten Mal – sich selbst nicht nur ahnen, sondern erleben. Das ist eine tief beglückende Erfahrung, an die sich weiterführende, zugleich erschütternde und erhebende Gedankenerlebnisse anschließen können. Der Mensch ist noch gar nicht Mensch, wenn er sich nicht selbst als Mensch verwirklicht. Für einen Außenstehenden ohne vergleichbare Erfahrungen wird sich ein solcher Satz vielleicht unsinnig oder gar anstößig anhören: Der Mensch ist doch allein dadurch ein Mensch, daß er als Mensch geboren wurde, daß er zur Gattung Mensch gehört, so wie ein Schäferhund eben von Anfang an ein Schäferhund ist und nur vom kleinen Schäferhund zum großen heranwachsen kann. Das kleine Kind ist auch schon Mensch und muß doch nicht erst noch Mensch werden. Es wird nur älter und erwachsener. – Dieser Gedanke ist völlig berechtigt, wenn man die Sache von außen ansieht. Da ist selbstverständlich jedes Menschenkind ein Mensch, und es wäre unbegreiflicher Irrwitz, etwas anderes behaupten zu wollen. Aber vom inneren Leben her betrachtet, ergibt sich ein anderes Bild. Da kann man die Erfahrung machen, daß man sich selbst erst zu verwirklichen hat. Natürlich wird man nicht etwas mehr Mensch allein dadurch, daß man älter wird. Man wird es dadurch, daß man das, was man anfangs nur der Möglichkeit nach ist, nämlich freier Geist, immer mehr verwirklicht. Wer einmal die Erfahrung gemacht hat, sich selbst als den Schöpfer von Ideen zu erleben, wird sich selbst, so wie er wirklich ist, anschauen und das andere (wie Denkgewohnheiten, Gefühlseigentümlichkeiten und so weiter) als Beiwerk erleben, dessen Sinn und Bedeutung sich erst später erschließen. Zugleich wird man sehen, daß dieses schöpferische Ich der Möglichkeit nach gewaltig groß ist, der Wirklichkeit nach noch klein und unentwickelt. In diesem Ich sieht man sich als Mensch. Das bin ich als Mensch. Als dieser Mensch will ich wachsen und immer mehr wirklich werden. Jetzt sehe ich, was ich der Idee nach bin. Ich selbst aber muß dieser Idee zur Wirklichkeit verhelfen, immer mehr. Darin unterscheidet sich der Mensch von allen anderen Naturwesen. In jedem Baum lebt schon im Samen das Bauprinzip (die Idee) dieses Baumes, und die Natur sorgt dafür, daß sich diese Idee als ein wirklicher Baum entfalten kann. Das ist beim inneren Menschen anders. Hier kann nur der Mensch selber sein geistiges «Bauprinzip», seine Idee, nämlich freier Geist zu sein, verwirklichen. Das kann auch gar nicht anders sein. Ein freier Geist, der sich nicht selbst verwirklicht, wäre kein freier Geist mehr.

Hinsichtlich des schöpferischen, freien Geistes ist zu berücksichtigen, daß die Ideen vom Menschen in verschiedenen Gestalten erfaßt werden können. Die gedankliche Form ist nur eine von mehreren möglichen. Vor allem künstlerische Menschen erleben die Ideen, die sie erfinden, zum Beispiel in Farben, Tönen und Formen, in Bewegungen oder in inneren Bildern. Mozart erfaßte seine Ideen in Gestalt von Klängen, und er konnte sich selbst in seinen Erfindungen erleben. Für den Hörer wird dies erfahrbar als der unverkennbare Stil Mozarts. Deshalb erkennt man Mozarts musikalische Ideen als seine Ideen auch dann, wenn man das gerade zu hörende Werk zum ersten Mal hört, und auch dann, wenn man – wie bei manchen späten Werken – zunächst erstaunt darüber ist, welche musikalischen Ideen Mozart erfaßt hat. Von Beethoven wird der Satz überliefert, daß seine Musik Tieferes enthalte als die tiefsten Gedanken einer begrifflich formulierten Philosophie. Die Ideen der geistigen Welt sind in verschiedener Weise erfaßbar und mitteilbar.

Wer eine moralische Idee in seinem Lebenszusammenhang verwirklichen will, bedarf dazu jedoch mehr als nur des Besitzes der Idee und seiner Liebe zu ihr, sie in einer Handlung zu verwirklichen. Wie auch ein technischer Erfinder braucht er dazu überdies Phantasie. Ein Beispiel möge das verdeutlichen. Ein technischer Erfinder kann durchaus den Begriff eines Fahrzeugs gebildet haben, das völlig gleichmäßig auch Treppen hinauf- und herunterfahren kann. Er weiß damit noch nicht, wie dieses Fahrzeug konstruiert werden müßte. Der bloße Begriff «treppenfahrendes Fahrzeug» sagt darüber noch nichts aus, er enthält noch nicht die entsprechende Konstruktion. Sie zu entwerfen, ist das Geschäft der technischen Phantasie des Erfinders. Sein Vorstellungsvermögen muß sich etwas vorstellen, was es noch nicht gibt. Seine Phantasie ist es, die ihn dazu befähigt, und zwar nicht eine wildwuchernde Phantasie, sondern eine, die exakt auf das zu lösende Problem bezogen ist. Diese entwerfende Phantasie ist es auch erst, die den Erfinder zum wirklich produktiven Menschen macht. Der bloße Begriff alleine genügt dazu noch nicht. Genauso ist es auf dem Gebiet des allgemeinmenschlichen Handelns. Auch hier gehört Phantasie dazu, um die moralische Idee in die Wirklichkeit zu überführen. Rudolf Steiner spricht in der «Philosophie der Freiheit» von einer «moralischen Phantasie». Die bloße moralische Idee kann dazu führen, daß man sie predigt. Dann redet man davon, was alles geschehen «sollte» und «könnte» und «müßte», ohne etwas Konkretes darüber anzugeben, wie die Verwirklichung der Idee aussieht. Das bloße Reden ist aber unproduktiv. Man verhielte sich so wie ein Techniker, der sich schon den Begriff des «treppenfahrenden Wagens» patentieren lassen wollte, ohne seine Konstruktionsanleitung geliefert zu haben.

Es ist allerdings durchaus möglich, daß sich die Menschen hier ergänzen. Zu einem Menschen, der sich selbst moralische Ideen gebildet hat, der aber keine entsprechende moralische Phantasie besitzt, kann sich ein zweiter finden, der über diese Phantasie verfügt. Dann wird das Zusammenwirken der beiden fruchtbar. Will man Beispiele für das Wechselverhältnis von moralischen Ideen zu moralischer Phantasie, so bietet das alltägliche Leben derer genug: Wenn mir ein Mensch begegnet, der sich mit vielerlei Schwierigkeiten herumquält, kann ich unter Umständen die moralische Idee entwickeln, daß ich diesem Menschen seine Schwierigkeiten abnehmen könnte. Habe wirklich *ich* diese Idee erfunden, so wird sie mich auch erwärmen und mein Herz wird für sie schlagen. Das heißt aber noch nicht, daß ich auch schon weiß, *wie* ich diesem Menschen seine Schwierigkeiten abnehmen kann. Hier muß die moralische Phantasie einsetzen und gleichsam einen «Konstruktionsplan» erfinden.

Die Geschichte eines einfachen Mannes, der aufgrund seines wildwuchernden Trieblebens mehrfach auf abwegiges Gebiet gekommen war, mag dies noch näher erläutern. Der Mann kam schließlich als Aufseher in einen städtischen Betrieb und sollte eine neue Chance erhalten. Aber auch hier wurde er von seinen Trieben überwältigt, es kam zu erheblichen Belästigungen der Mitangestellten, und es drohte schließlich Entlassung, wenn nicht gar Gefängnis. Für den Personalchef des Unternehmens war die Sache von einer Seite her klar: Er mußte den Mann entlassen. Die Gesetze schrieben das vor, die Belegschaft hätte zudem alles andere kaum geduldet. Andererseits wollte der Personalchef dem armen Mann helfen. Das war seine Idee. Die Idee alleine aber genügte nicht. So kam es schließlich zu einem Gespräch, in dem der Personalchef den gequälten und drangsalierten Mann fragte, ob der etwas wirklich gerne habe und möge. Zur Antwort erhielt er den dumpf hervorgebrachten Satz, daß der Umgang mit Tieren viel Freude mache. – Nach diesem Gespräch führte der Personalchef ein weiteres Gespräch mit dem Direktor des städtischen Zoos und konnte erwirken, daß der zu entlassende

Mann auf Probe als Wärter im Zoo aufgenommen wurde. Etliche Wochen später bedankte sich der Zoodirektor für die Vermittlung des Mannes, der sich als tüchtiger Mensch herausgestellt hätte und von dessen Problemen überhaupt keine Spur mehr zu bemerken wäre. Die Arbeit an einer erfüllenden und befriedigenden Aufgabe hatte sie weggeblasen!

Das Beispiel kann mehreres veranschaulichen. Es zeigt zum einen den Unterschied zwischen moralischer Idee und der auf ihre Verwirklichung zielenden Phantasie. Zum weiteren zeigt es, wie das Handeln aus einer selbst erfundenen moralischen Idee nicht gegen die Gebote oder Moralprinzipien verstößt, sondern sie in sich enthält und zugleich überbietet: Der Mann wurde entlassen, wie es die Gesetze vorschreiben, aber ihm wurde zugleich geholfen. Schließlich macht die kleine Geschichte auf die grundsätzliche Problematik eines jeden moralphilosophischen Beispiels aufmerksam: Man kann gegen das angeführte Beispiel einwenden, daß der Personalchef vielleicht gar nicht aus einer selbsterfundenen moralischen Idee heraus gehandelt habe, sondern zum Beispiel aus Mitgefühl oder dem Gebot der Nächstenliebe oder nach dem Prinzip des größten Glücks der größten Zahl. Mit anderen Worten: das angeführte Beispiel ist nicht zwingend ein Beispiel für die Erfindung einer moralischen Idee. Dieser Einwand ist sicher berechtigt. Nur wird man umgekehrt fragen müssen: Kann es überhaupt ein zwingendes Beispiel geben? Dazu müßten zum wenigsten Äußerungen des Handelnden über seine Motive vorliegen, aus denen heraus er gehandelt hat, jedenfalls solange man nicht in die Motive eines Menschen von außen Einsichten hat. Aber selbst dann, wenn entsprechende Äußerungen vorlägen, könnte ein kritischer Geist noch den Einwand erheben, daß es sich bei diesen Äußerungen um Selbsttäuschung handeln kann. Entscheide daher ein jeder selbst, wie er die Motive, aus denen ein anderer gehandelt hat, beurteilen möge. Viel wertvoller als die Analyse der Handlungen anderer wäre die Bemühung, selbst zum Erfinder moralischer Ideen zu werden und sich selbst nicht zu täuschen. Vielleicht liegt darin auch ein Grund dafür, daß Rudolf Steiner in der «Philosophie der Freiheit» keine Beispiele für die Erfindung moralischer Ideen aufgeführt hat. Widerspricht nicht sogar das Beispiel der Idee der moralischen Neuerfindung?

Die moralische Phantasie befähigt den Menschen, seine moralischen Ideen im Leben zu verwirklichen. Ohne die moralische Phantasie blieben die moralischen Ideen rein geistige Gebilde und würden nicht die ganze in ihnen ruhende Kraft entfalten können. Will man aber in das Leben eingreifen und es im Sinne seiner Ideen gestalten, so benötigt man über die moralische Phantasie hinaus noch eine möglichst gründliche Erkenntnis der Lebensbereiche, in denen man wirken will. Dazu zählt eine Erkenntnis ihrer Gesetzmäßigkeiten. Wie der technische Erfinder über gründliche Kenntnisse der Mechanik verfügen muß, wenn er seine Idee eines treppenfahrenden Wagens verwirklichen will, so muß auch der auf menschlichem Gebiet Handelnde die Gesetzmäßigkeiten dieses Gebietes kennen und mit ihnen rechnen, wenn seine moralische Phantasie Erfolg haben soll. Die Kindergärtnerin braucht zum Beispiel eine gründliche Erkenntnis der menschlichen Natur, insbesondere der des kleinen Kindes, wenn ihre Ideen und Vorstellungen im Leben fruchtbar werden und nicht an der Realität abprallen oder dieser gar Schaden zufügen sollen. Hat sie die Gesetzmäßigkeit erkannt, daß das kleine Kind ganz aus der Nachahmung lebt, so wird sie dieses Grundgesetz bei allen ihren Maßnahmen berücksichtigen. Die Kenntnis der Gesetzmäßigkeiten derjenigen Lebensrealitäten, in denen man seine Ideen und Vorstellungen der moralischen Phantasie ausgestalten will, nennt Rudolf Steiner *moralische Technik*. Sie erst verleiht den Handlungen Lebens- und Wirklichkeitsnähe, während ohne eine Kenntnis der Lebensrealitäten auch beste moralische Absichten Schaden anrichten können. Bei großen, gewaltigen Ideen wird es zudem erforderlich sein, daß viele Menschen ihr praktisches Wissen zu einem Gelingen beisteuern. Zu solch großen Ideen gehört Rudolf Steiners Idee, die Einsicht in die dreigliedrige Natur des Menschen für die weitere Entwicklung der Menschheit fruchtbar werden zu lassen. Moralische Phantasie ist es, die zu diesem Ziel die Vorstellung von der Gliederung des Staates in drei entsprechende Bereiche – das Geistesleben, das Rechtsleben und das Wirtschaftsleben – gebildet hat. Aber wieviel gründliche Sachkenntnis wird auf all diesen Gebieten notwendig sein, um die Wirklichkeit im Sinne dieser gewaltigen Idee umzugestalten! Hier können unzählige Menschen etwas beitragen und ihre Kenntnisse in den Dienst einer umfassenden Idee stellen. Sie tragen damit zu einer Erweiterung der moralischen Technik bei, und sie werden bemerken, wie ihre Arbeit auch ihre eigenen bisherigen Einsichten erweitert und vertieft.

Als Rudolf Steiner 1893 seine «Philosophie der Freiheit» veröffentlichte, auf deren Erarbeitung wir mit diesen Ausführungen vorbereiten wollen, benutzte er für das, was wir hier die moralische Idee genannt haben, einen anderen Ausdruck, nämlich den Ausdruck «moralische Intuition». Mit ihm bezeichnet er den *Gedankeninhalt* des moralischen Denkens oder genauer: die Form, in der die moralischen Ideen und Begriffe zunächst im Bewußtsein des Menschen auftreten. Das Denken des Menschen lebt in einer Welt der Ideen und Begriffe. Diejenigen Ideen oder Begriffe, die es aus dieser Welt erfaßt, treten damit in das Bewußtsein des Menschen ein. In dieser Form, nämlich als im Bewußtsein des Menschen lebende Ideen, nennt sie Rudolf Steiner *Intuitionen.*

Damit haben wir jetzt für das Handeln aus Freiheit drei sich ergänzende Schichten gewonnen:

1. Die moralische Intuition (die vom Menschen gemachten und geliebten Erfindungen moralischer Ideen).

2. Die moralische Phantasie, die die moralische Intuition in konkrete Vorstellungen umbildet.

3. Die moralische Technik, die die Kenntnisse der zu gestaltenden Lebensbereiche zur Verfügung stellt.

Alle drei Bereiche zusammen tragen zur Verwirklichung der Form von Freiheit bei, die dem Menschen möglich ist. In dem Erfassen moralischer Intuitionen und der Liebe zu ihnen ist der Mensch ein freier Geist. Vermittels der moralischen Phantasie und der moralischen Technik wird die Freiheit im konkreten Leben verwirklicht. Gerade die beiden letzten Fähigkeiten, die Fähigkeiten zu moralischer Phantasie und moralischer Technik, werden zuweilen verkannt. So gibt es Menschengruppen, die wohl gemeinsam einer hohen moralischen Intuition aus Liebe dienen, die aber aufgrund eines Mangels an moralischer Phantasie oder moralischer Technik zu mehr oder weniger ungeeigneten Mitteln zur Verwirklichung ihrer Intuition gegriffen haben. Dann entstehen oft Leid und Stagnation, Verbitterung oder sogar Resignation. Aber mit dieser Problematik berühren wir schon eine weitere, entscheidende Frage, nämlich die Frage: Wie erlangt man die entsprechenden Fähigkeiten?

Der Weg

Eines geht aus allen vorangegangenen Ausführungen mit Deutlichkeit hervor: Die Frage, ob der Mensch frei ist oder nicht, ist schief beziehungsweise unscharf gestellt. Wollte man sie aber in dieser Form beantworten, so wird man zumindest genauer nachfragen müssen: Was meinst du mit dem Wort «Mensch»? Den Menschen, so wie er jetzt lebt und in unvorstellbaren Massen die Erde bevölkert, oder den Menschen im Sinne dessen, was jeder der Möglichkeit nach werden kann? Versteht man die Frage im ersten Sinne, so wird man wohl antworten müssen, daß der Mensch nicht frei ist oder nur zu einem verschwindend geringen Teil. Denn wer wollte von sich behaupten, in allen seinen Handlungen frei zu sein? Ist nicht vielmehr das Umgekehrte der Fall? Sind die Handlungen aus Freiheit nicht eher die Ausnahme? Versteht man aber die Frage im zweiten Sinne, so wird man jetzt antworten können: Der Mensch kann sich selber zum MENSCHEN entwickeln. Er kann frei werden. Als «Mensch» ist er nicht frei. Als MENSCH ist er frei. Aber jeder von uns besitzt den höheren MENSCHEN zunächst nur als Anlage in sich, als Möglichkeit. Wirklichkeit werden kann der MENSCH nur durch uns selbst, indem wir uns aus dem Wust von Unfreiheiten immer mehr befreien und uns selbst zum höheren MENSCHEN erheben.

Daraus ergibt sich ein zweites. Die Freiheit kommt nicht von selbst. Sie fällt nicht in den Schoß. Entweder man arbeitet daran, die Freiheit zu verwirklichen, oder sie bleibt ewig bloße Möglichkeit. Das letztere widerspricht aber im Grunde der Natur des Menschen. Es kann zwar eintreten, daß nichts passiert, daß man unfreier «Mensch» bleibt, aber das wäre etwas Unnatürliches. In jedem Menschen lebt die tiefe Sehnsucht nach Freiheit. In jedem Menschen lebt das Bedürfnis, den MENSCHEN in sich zu entwickeln. Es wäre etwas völlig Unnatürliches, wenn das nicht so wäre. Und dennoch liegt das scheinbar Paradoxe vor: Beim Menschen geschieht das Natürliche, nämlich frei zu werden, nicht von selbst. Jeder muß das, was das Natürliche ist, erst selbst hervorbringen. Dieses Hervorbringen erscheint sodann in einem doppelten Lichte: Es ist eine gewaltige, in ihrer Größe kaum zu ermessende Aufgabe. Das heißt, es ist auch die schwerste Aufgabe. Andererseits kann auf den verschiedenen Stufen und in den verschiedenen Bereichen an dieser Aufgabe gearbeitet werden, und jedes Stück Arbeit verwirklicht etwas vom MENSCHEN, der immer zugleich *freier* MENSCH ist.

Die Verwirklichung des MENSCHEN ist also nur möglich durch Arbeit und Übung. Rudolf Steiner hat dies in der «Philosophie der Freiheit» zwar deutlich gesagt, aber nicht ausdrücklich hervorgehoben. In später gehaltenen Vorträgen, in denen er über die «Philosophie der Freiheit» spricht, ist dann sehr nachdrücklich vom Erüben der Freiheit die Rede. Wir wollen deshalb untersuchen, inwiefern man die Idee der Freiheit gerade in den verschiedenen Erlebnissen der Unfreiheit immer mehr Wirklichkeit werden lassen kann. Zu diesem Zweck können wir einige der geschilderten Formen der Unfreiheit noch einmal durchgehen, um zu sehen, wo man in ihnen den Keim der Freiheit entwickeln kann.

Die innere Unfreiheit, auf die Albrecht Haushofer in seinen Moabiter Sonetten aufmerksam gemacht hat, gliedert sich in zwei Bereiche: in reflexartige Handlungen aus Trieb, Begierde und Leidenschaft auf der einen Seite und auf der anderen in Handlungen nach gedanklichen Prinzipien wie dem eigenen Nutzen, den moralischen Geboten und den Grundprinzipien, zu denen man aus Einsicht gelangt ist. In der moralischen Intuition werden diese Formen von Unfreiheit jedesmal ein Stück weit überwunden, aber im gewöhnlichen Leben steht den moralischen Intuitionen einiges im Weg. Dazu gehört insbesondere ein ziemlich unbeherrschtes, unkonzentriertes Denken. Moralische Intuitionen werden vom Denken erfaßt, aber das Denken wird dazu um so schwerer in der Lage sein, je mehr es sich in einem ungesunden, unkonzentrierten Zustand befindet. Im gewöhnlichen Leben des Alltags springen die Gedanken völlig unkonzentriert vom einen zu einem völlig anderen. Äußere Sinneseindrükke ziehen ständig die Aufmerksamkeit des Denkens auf sich und machen es sprunghaft. Innere Ablenkungen tun ein Gleiches. Dadurch ist das Denken weit von dem entfernt, was es wirklich zu leisten imstande ist. Eine erste Übung besteht darin, das Denken zu konzentrieren. Das gelingt natürlich nicht über den ganzen Tag. Aber man kann mit kleinen Zeitabschnitten von fünf Minuten täglich beginnen. In diesen fünf Minuten wählt man sich selbst bewußt ein Thema, über das man nachdenkt, am besten eines, worüber man sonst nicht gedacht hätte. Es empfiehlt sich auch, mit einfachen, von Menschen geschaffenen Gegenständen als Thema zu beginnen, zum Beispiel einer Kanne. Und nun entwickelt man einen Gedanken nach dem anderen zu diesem Thema. Letztlich werden wohl alle Gedanken auf die *Idee* der Kanne abzielen, und bei den von Menschen hergestellten Dingen besteht diese Idee in ihrer Funktion. Mit der Funktion aber hängen alle weiteren Bestimmungen wie Form und Material, Herstellung und Geschichte zusammen. Schritt für Schritt denkt man über das Thema «Kanne». Ist man mit seinen Gedanken abgewichen, so kehrt man zum Thema zurück. Eine Abweichung wäre es zum Beispiel, wenn man plötzlich von der Kanne über einen Bauern, der in sie die Milch einfüllte, schließlich an den Kuhstall und die letzten Ferien dächte. In solchen Fällen reißen einen sogenannte Assoziationen mit. Das aber heißt, daß man nicht selbst willentlich denkt, geschweige denn frei ist.

Wenn man mit der Übung beginnt, geht es meistens gut, denn es fällt einem zunächst ziemlich viel ein. Nach zwei bis drei Tagen ändert sich das. Nun scheinen sich die Gedanken zu erschöpfen, und man denkt nicht mehr neue Gedanken, sondern wiederholt die schon an den Vortagen gedachten. Dadurch wird die anfangs leichte Übung schwerer. Aber genau auf die Überwindung dieser Schwierigkeit kommt es an. Man soll nicht stehenbleiben, sondern weiterdenken und seine Gedanken vertiefen. Nach einer Woche kann man zu einem neuen Thema übergehen. Hat man sich wirklich festgefahren, auch schon früher.

Durch diese unscheinbare Übung wird das Denken langsam gediegen und geschmeidig. Bemerkt man das, so wird man diese Übung liebgewinnen und sich auf sie freuen, so wie sich ein Musiker auch aufs Üben freuen kann, wenn er bemerkt, wie er dadurch Fortschritte erzielt. Sodann wird das konzentrierte Denken selbst immer mehr Freude bereiten. Voraussetzung ist allerdings, daß man bei der Sache bleibt und nicht nach ein oder zwei Wochen aufgibt. Dadurch wird die Übung auch zu einer kleinen Willensschulung. Aus eigenem Entschluß führe ich eine Handlung aus, zu der mich nichts zwingt. Bei dieser Willensschulung entsteht häufig eine Klippe. Hat man einmal die Übung versäumt, so ist man leicht geneigt, sie ganz aufzugeben. Man sollte sich aber nicht entmutigen lassen. Wenn man einmal gestolpert ist, stehe man anschließend wieder auf. Stolpert man zehnmal, stehe man zehnmal wieder auf, bis man den Punkt der Freude an der Konzentration und Sicherheit des Denkens gewonnen hat.

Neben diese Übung kann ergänzend eine weitere treten. R. Steiner hat in Vorträgen darauf hingewiesen, daß man seine «Philosophie der Freiheit» auch als Übungsbuch verwenden könne. Unter Hinweis auf den antiken Begriff der Katharsis (Reinigung) führte er das Folgende aus: «Sehr weit kann der Mensch in bezug auf diese Katharsis schon kommen, wenn er zum Beispiel alles das, was in meiner ‹Philosophie der Freiheit› steht, so innerlich durchgenommen und erlebt hat, daß er jetzt das Gefühl hat: Das Buch war für mich eine Anregung, aber ich kann jetzt die Gedanken genauso, wie sie dastehen, eigentlich selbst reproduzieren. Wenn sich jemand zu dem Buch so verhält – denn es ist so geschrieben –, wie sich etwa ein Virtuose mit dem Spielen eines Stückes auf dem Klavier verhält zu dem Komponisten des Stückes, so daß er das ganze in sich selbst reproduziert – natürlich in der entsprechenden Weise –, dann kann schon durch die in sich streng gegliederte Gedankenfolge dieses Buches bis zu einem hohen Grade die Katharsis herbeigeführt werden.»

In der Praxis sieht das so aus, daß man das Buch beziehungsweise zunächst einzelne Kapitel daraus, wie auch der Virtuose ein Klavierstück, auswendig lernt. Damit ist natürlich nicht gemeint, Seite für Seite wortwörtlich auswendig zu lernen, sondern die Organisation der Gedankenfolge. Und wie ein Musiker ein Werk nicht mühsam sich einpauken muß, sondern es im gezielten Üben im Grunde von selbst auswendig lernt, so führt auch der Nachvollzug der Gedanken der «Philosophie der Freiheit» tatsächlich dazu, über das Werk wie über eine Partitur zu verfügen. Ist das erst einmal mit einem Kapitel gelungen, so wird man als Wirkung bemerken, wie das eigene Denken leichter, beweglicher und auch schneller wird. Im Vergleich dazu erscheint einem das eigene frühere Denken spröde, unbeweglich und mühsam. Auch die Aufnahme fremder Gedanken wird beweglich. Das Erlebnis der Verlebendigung des eigenen Denkens ist tief beglükkend, und man ahnt, was es heißen kann, wirklich zu denken. Wer diese Erfahrung gemacht hat, wird auch ohne weiteres zugestehen, daß er noch nicht wahrhaft denken kann, selbst wenn er von anderen für einen gescheiten Kopf gehalten wird. Er selbst weiß, daß sein Denken bis jetzt nur Stümperei ist, nachdem sich ihm einmal die ersten Stufen der Verlebendigung des Denkens gezeigt haben.

Die hier geschilderte Übung kann man auch dann durchführen, wenn man wichtige Gedanken der «Philosophie der Freiheit» noch nicht verstanden hat. Auch ein Musiker kann ein Werk schon ganz lernen, wenn er einzelne Passagen daraus noch nicht beherrscht. Gerade die unverstandenen Gedanken sind es jedoch, die die jeweils nächste Stufe eines Übungsweges bilden. Das soll hier nur kurz erwähnt werden. Das Ringen mit für einen selbst nicht gelösten Erkenntnisfragen des Buches kann zu jahrelangen Tantalusqualen führen, bis einem der Durchbruch gelingt. So wie Tantalus das Wasser um sich hat, es aber nicht trinken kann, so stehen die Lösungen der Erkenntnisfragen in der «Philosophie der Freiheit» vor einem: Man kann sie lesen, aber man versteht sie nicht. Das Glück des späteren Verstehens versöhnt dann mit allen Qualen der vorangegangenen Verzweiflung an sich selbst und an dem Buch, von dem nun ein neues Licht ausgeht, das vieles andere erhellt.

Diese Art der Arbeit an der «Philosophie der Freiheit» wird nicht jedermanns Sache sein und muß es auch nicht, und sie ist auch keinesfalls höher zu bewerten als andere Formen der übenden Entwicklung auf dem Weg zur Freiheit.

Was man an der übenden Arbeit am eigenen Denken immer mehr erfährt, ist die Entwicklungsfähigkeit des Denkens: Hinter dem eigenen gewöhnlichen Denken verbirgt sich ein viel lebendigeres, machtvolles Denken, das freizulegen zu einem Lebensbedürfnis werden kann. Vor allem aber kann man zu diesem mächtigen und lebendigen Denken immer mehr Vertrauen gewinnen. Und es kann in einem schon wirksam werden, bevor man es bewußt erfaßt. Gerade in schwierigen Lebenssituationen, die einiges an moralischer Phantasie erfordern, ist es möglich, dem Quell des lebendigen Denkens näherzukommen. Hat man etwa in einer Konfliktsituation des Lebens für einen selbst unbefriedigend gehandelt, so besteht eine hilfreiche Übung darin, sich am Abend oder am nächsten Morgen in aller Ruhe auf sie zu besinnen. Dabei versuche man, sich möglichst objektiv von außen zu sehen. Hat man sich am Tage empört oder erzürnt, so lasse man diese Empfindungen abfallen und vergrößere in sich selbst immer mehr die Empfindung der Ruhe. In diese Ruhe kann man nun Gedanken hineinpflanzen, die die moralische Phantasie vorbereiten. Dies geschieht, indem man in Gedanken das Wesentliche vom Unwesentlichen des Erlebnisses trennt. Steht das Wesentliche vor dem inneren Blick, so ergibt sich aus ihm, wie man in Zukunft weiterhandeln möchte. Oft ist das nur eine Richtung und noch nicht eine konkrete Handlung. Durchdringt man sich ganz mit diesem Impuls, so kann man bemerken, daß er während der Nacht weitergewirkt hat wie ein Samenkorn, das langsam aufsprießt. Und so fallen einem am nächsten Tag während des Handelns Möglichkeiten seiner positiven Gestaltung ein. Jetzt wirkt – anfangs mehr oder weniger zart – die Phantasie. Vor der Nacht wurde sie in der inneren Ruhe und im Blick des Denkens auf das Wesentliche gleichsam nur angerufen. Jetzt ist sie wirksam. Die Handlungen, die man nun vollführen will, vollführt man gerne, auch weil man erlebt, daß sie sinnvoll sind und etwas zu einem Gelingen beitragen.

Neben die «Etüden» des Denkens stellt Rudolf Steiner als ein weiteres besonderes Übungsgebiet die Schulung des Willens. Das Wollen ist deutlich vom Wünschen unterscheidbar, auch wenn unser Sprachgebrauch häufig zu Verwechslungen führt. Sehr oft sagen wir: «ich will», wo man eigentlich nur: «ich wünsche mir» sagen sollte. Eine andere sprachliche Wendung zeigt deutlich den Unterschied. Einen Menschen, der zwar dauernd sagt, was er alles will, aber letztlich nur wenig Entsprechendes tut, werden wir nicht einen willensstarken Menschen nennen. Eher schon könnte man von einem «wünschensstarken» Menschen sprechen. Unter einem willensstarken Menschen versteht man hingegen denjenigen, der auch ausführt, was er beabsichtigt hat. Der Wille ist nicht das bloße Beabsichtigen – auch wenn man dafür häufig die Worte «ich will... » verwendet –, der Wille ist vielmehr die Kraft, die gefaßten Ideen auch in entsprechende Taten umzusetzen. Jeder kann an sich selbst beobachten, wie stark diese Kraft ist, und sich fragen, ob sie nicht noch weiter gestärkt werden kann. Ein schwacher Wille ist der Freiheit nicht förderlich, im Gegenteil: er ist eine Form von Unfreiheit. Etwas zu «wollen», es aber aufgrund eines schwachen Willens nicht zu tun, bedeutet, daß man durch mangelnde Fähigkeit behindert und eingeschränkt wird. In dem

Maße ist man aber auch nicht frei. – Wir alle leiden heute in mehr oder weniger starkem Maße an dieser Form der Unfreiheit eines nicht immer genügend starken Willens. Blickt man auf die Art und Weise, wie wir seit einigen Generationen leben und vor allem als Kinder aufwachsen, so ist eine Ursache dieser Schwäche auszumachen. Unsere Kultur hat eine beeindrukkende Intelligenz darauf verwendet, dem Menschen die physische Arbeit durch technische Mittel abzunehmen oder zu erleichtern. Darin bestand ein alter Menschheitstraum. Schon der griechische Philosoph Aristoteles träumte davon, daß einmal die Weberschiffchen im Webstuhl «von selbst» oder besser gesagt: durch Maschinenkraft laufen würden. Heute ist das und unendlich viel mehr in den Industriestaaten in einem gewaltigen Ausmaß Wirklichkeit geworden. Über den Sinn oder die Grenze, wo der Sinn zum Unsinn wird, soll hier jetzt nicht gesprochen werden. Nur eine Kehrseite des Phänomens im Hinblick auf die Willensentwicklung des Menschen wollen wir kurz streifen. In den hochtechnisierten Industriestaaten wachsen die kleinen Kinder in einem Umfeld auf, in dem sie vom kleinsten Alter an sehen, daß sehr vieles auf Knopfdruck zu erreichen ist. Auf Knopfdruck geht das Licht an, auf Knopfdruck wird die Herdplatte heiß, auf Knopfdruck wird die Wohnung beheizt. Wie von selbst öffnen sich die Türen in manchen Läden und Kaufhäusern, wie von selbst fahren die Rolltreppen beim Betreten den Menschen nach oben oder unten. Durch eine einfache Schlüsseldrehung springt der Motor des Wagens an, und man kann mit ihm weite Strecken fahren – im Sitzen, ohne gehen zu müssen. Das alles sieht das Kind. Mit diesen Eindrükken und Selbstverständlichkeiten wächst es auf und wird von ihnen tief geprägt. Es geht alles auf Knopfdruck. Aber was das Kind sieht, ist nur die halbe Wahrheit. Hinter jedem Knopfdruck und seinem Ergebnis stehen unendlich viel Arbeit und Intelligenz, die das Kind nicht sieht und die es erst sehr viel später kennenlernt, wobei es dann von vielen Dingen nur weiß, ohne sie gesehen zu haben, denn die wenigsten Kinder werden in ein Elektrokraftwerk, in eine Autofabrik oder gar in ein Kohlebergwerk kommen.

Dieser Sachverhalt soll hier zunächst gar nicht beurteilt oder kritisiert werden, aber man kann wohl in ihm eine der Ursachen für die Zivilisationskrankheit «Unfreiheit durch Willensschwäche» finden. Tief in uns leben die Kindheitserlebnisse, daß alles auf Knopfdruck gehen muß. Im Erwachsenenleben tauchen sie dann wieder auf, etwa in dem Glauben, daß doch die Umweltprobleme gar keine Probleme sind. Man kann sie doch leicht lösen: Filter rein, Dreck weg – am besten auf Knopfdruck. Das aber ist eine große Täuschung, von der heute alle mehr oder weniger betroffen sind. Die Welt des Knopfdrucks ist eine Welt, die nicht nur Annehmlichkeiten erzeugt, die kaum jemand missen will, sondern auch eine Willenslähmung. Diese Willenslähmung birgt in sich eine Gefahr, aber auch eine große Chance. Die Gefahr besteht darin, der Lähmung immer mehr zu erliegen. Dann liegt man schließlich im Extremfall nur noch in seinem Liegestuhl und regelt von da aus per Computer und Roboter sein ganzes Leben. Die Chance besteht darin, nun bewußt und aus eigenem Entschluß die Willenskraft zu schulen und zu stärken, die früheren Generationen in gewisser Weise mehr geschenkt wurde. Die Übung, die Rudolf Steiner gibt, ist auf den ersten Blick sehr einfach: Jeden Tag kann man sich eine kleine Handlung vornehmen, die man sonst vielleicht gar nicht unternommen hätte, und sie dann auch wirklich ausführen. Was man zu diesem Zweck tut, braucht keine besonders bedeutungsvolle oder gewichtige Handlung zu sein. Man kann sich zum Beispiel vornehmen, jeden Tag zu einer von einem selbst bestimmten Zeit den eigenen Schreibtisch aufzuräumen, wenn man das sonst nicht getan hätte. Das muß nicht sonderlich aufwendig sein. Es geht nicht einmal um den Sinn der Handlung. Selbst eine sonst sinnlose Handlung, wie die, sich zu einer vorgenommenen Zeit die Armbanduhr kurz ab- und wieder anzubinden, ist zum angestrebten Zweck durchaus tauglich. Die Schwierigkeit der Übung liegt in der Ausdauer, mit der sie auszuführen ist. Eine Woche ist in der Regel kein Problem. Nach vier Wochen hat man aber sowohl das Schwere der leichten Übung als auch ihren Sinn und ihre Wirkung erlebt. Gelingt es, die Übung wenigstens vier Wochen streng und ausnahmslos durchzuführen, so kann man bemerken, wie die eigene Willenskraft ein klein wenig gewachsen ist. Es entsteht zum Beispiel das Bedürfnis, Handlungen, die man sonst nur ungern und widerwillig ausführen und die man am liebsten auf die lange Bank schieben wollte, anzupacken oder sogar in die Übung selbst zu integrieren. Wenn dieses Bedürfnis auftritt, kommt es scheinbar von selbst. Tatsächlich ist es aber eine erste Frucht der Übung. Dann kann die Übung ergänzt werden, indem man sie um zusätzliche Handlungen erweitert, die dann ebenso streng und ausnahmslos durchgeführt werden. Wenig Sinn hat es jedoch, sich gleich von Anfang an zu viele Handlungen aufzuerlegen. Der Wille zur Ausweitung sollte wirklich aus dem Erfolg der Übung selbst erwachsen, so wie auch ein Musiker aus dem erfolgreichen Üben von Etüden selbst den Willen bildet, weitere Etüden zu erarbeiten.

Wer diese Übung und ihre Ausweitung mit Erfolg durchgeführt hat, hat ihre Wirkung wie eine Befreiung erlebt. Der Bogen des Willens, der sonst nur schlaff herumlag oder nur durch Druck von außen in Tätigkeit versetzt wurde, wird nun gespannt und sendet seine Pfeile ins Ziel. Der ganzen Tagesgestaltung will man nun einen bewußt geführten Charakter geben. Zwar wird man dabei bemerken, wie man seinen Willen zum Teil erheblich überschätzt. Aber mit der Zeit lernt man die Kraft seines eigenen Willens kennen und weiß abzuschätzen, was man alles sich vornehmen und auch ausführen kann und was nicht. Auf diese Weise können eine ganze Reihe von äußeren Bedingungen, die man als Last und Unterdrucksetzung des eigenen Willens empfunden hat, ihren Stachel verlieren. Der Wille wird vom gegängelten Dienstboten immer mehr zum Herrn im eigenen Hause, der das, was ihn bisher quälte, in seine eigenen Dienste stellt.

Auch die hier geschilderte Übung hat ihre Klippen. Es kann durchaus eintreten, daß man durch die Wucht unvorhergesehener Ereignisse oder aber durch eine Phase eigener Unaufmerksamkeit und Schwäche aus der Bahn geworfen wird. Das sollte einen erstens möglichst nicht entmutigen und zweitens dazu führen, sich die Übungen einzuteilen und sie selbst zeitlich zu begrenzen und zu gewichten. Rudolf Steiner gibt für die bisher geschilderten Übungen der Denkkonzentration und des Wollens jeweils die Dauer eines Monats an, für die sie im Vordergrund stehen sollen. Danach können sie im selbst bestimmten Maße zugunsten der noch folgenden zurücktreten. Das heißt: im ersten Monat beginnt man mit dem Denken. Im zweiten tritt die Schulung des Wollens hinzu. Dann kann die Übung des Denkens in einer selbst zu treffenden Regelung in den Hintergrund treten. Im dritten Monat kommt eine neue Übung hinzu. Denken und Wollen werden parallel weitergeschult, aber in einem von einem selbst festgelegten, etwas geringeren Umfang. Leichter ist die Reihe der Übungen in einem wöchentlichen Turnus durchzuführen. Man kann auch damit beginnen und dann zum monatlichen Rhythmus übergehen.

Blickt man noch einmal zurück auf die oben geschilderte Möglichkeit, die moralische Phantasie zu erwekken, so wird man auf eine Schwierigkeit der Übung stoßen, die zu einem dritten Übungsgebiet überleitet. Der geschilderte Weg bestand darin, in Gedanken das Wesentliche vom Unwesentlichen der Handlungsumstände, in denen man sich befand, zu trennen und das Wesentliche ganz vor den inneren Blick zu stellen. Eine Schwierigkeit besteht nun darin, wirklich mit dem Denken zum Wesentlichen vorzustoßen, denn solange man noch emotional in die Erlebnisse verstrickt ist, wird es schwerlich gelingen. Wie aber bringt man die Emotionen zum Schweigen? Ein Beispiel möge dazu einen Weg schildern. Ist man am Tage beleidigt worden und hat sich dagegen empört, oder sind einem scheinbar unberechtigte Vorwürfe gemacht worden, gegen die man sich emotional aufgelehnt hat, so werden diese Emotionen auch zu Beginn der Übung mehr oder weniger stark wieder auftreten können. Nun kann man sich aber klarmachen: Es liegt immer an mir, wenn ich einen Satz als Beleidigung erlebe. Mag er noch so sehr als Beleidigung beabsichtigt worden sein, es liegt an mir, wenn ich ihn so auffasse, daß er mich verletzt. Meine Reaktion ist reflexhaft und nicht frei, wenn ich nur so reagiere. Ich will versuchen, das Geschehen anders aufzufassen. Kann es nicht sein, daß der andere mit dem, was er sagte, recht hatte? Ich will die Stelle in meiner Seele suchen, wo seine Behauptung zutrifft. Gelingt dies, findet man also wirklich den Ort in der eigenen Seele, auf den der Vorwurf zutrifft, so daß man sich selbst mit schonungsloser Ehrlichkeit sagen kann: «Ja, was der andere mir sagte, ist wahr», so erscheint dieser andere plötzlich in einem neuen Licht vor mir. Er ist nicht mehr der Beleidiger, den ich mit Empörung zurückweise, er ist vielmehr jemand, der mir auf eine etwas schmerzhafte Art und Weise auf dem Weg der Selbsterkenntnis ein Stück weitergeholfen hat, ohne dies vielleicht bewußt beabsichtigt zu haben. Mag sein, daß er mich beleidigen wollte, im Grunde aber hat er mir geholfen. – Im Verlaufe solcher Gedanken treten die ursprünglichen Emotionen zurück, und an ihre Stelle tritt eine innere Ruhe, vorausgesetzt, man hat seine Gedanken mit innerer Aufrichtigkeit gedacht. Nun kann das Denken das Wesentliche des Erlebnisses erfassen und vom Unwesentlichen unterscheiden und zugleich den Richtungsimpuls der weiteren Handlungen wahrnehmen, der, wenn es gelingt, die Seele ganz mit ihm zu erfüllen, aus sich die Phantasie zur konkreten Vorstellung künftiger Handlungen zu beflügeln vermag.

Faßte man die hier als Beispiel angeführten Gedanken so auf, daß man durch sie die Wirklichkeit verfälschen und aus «rot» «grün» machen würde, so wäre eine solche Auffassung ein Mißverständnis. Nicht darum geht es, die Wirklichkeit zu verfälschen. Zu einer solchen Auffassung kann nur kommen, wer sich seine Überlegungen einredet und nicht wahrhaft aufrichtig denkt. Auch wird in dem angeführten Beispiel hinterher die Beleidigung für das Urteil immer noch eine Beleidigung sein. Man hat nur zu ihr eine andere Stellung gewonnen und von einer zusätzlichen Urteilsebene aus noch anderes in ihr entdeckt als auf den ersten Blick.

Innere Ruhe und denkende Aufmerksamkeit auf das Wesentliche bereiten das Ergreifen moralischer Intuitionen und das Wirksamwerden der moralischen Phantasie vor. Aus der Darstellung der Übung geht hervor, daß neben eine Schulung des Denkens und Wollens eine solche des Fühlens treten kann.

Gefühle kommen und gehen normalerweise von selbst; und gerade wer intensive Gefühle zu erleben in der Lage ist und die Erfahrung gemacht hat, wie überwältigend manche Gefühle sein können, wird sich eine solche Schulung kaum zutrauen und wohl eher vor ihr zurückschrecken. Das im Vorangegangenen geschilderte Beispiel zeigt demgegenüber, wie es doch möglich ist, langsam und Schritt für Schritt Herr der eigenen Gefühle zu werden. Sind aber die Gefühle der Herr und der Mensch nur ihr Sklave, so verstellen sie den Weg zur Freiheit. Nun wird es nicht darum gehen können, die Gefühle zu vernichten oder sie blaß werden zu lassen. Aber wer frei sein will, will ein anderes Verhältnis zu den Gefühlen gewinnen. Er will ihnen nicht unterworfen sein, sondern er will sie führen und schließlich selbst gestalten. Das gelingt zunächst nicht im unmittelbaren Erleben der Gefühle selbst, sondern wieder nur in zu späterem Zeitpunkt selbst zu schaffenden Augenblicken der inneren Ruhe. Wer ein freier Mensch sein will, kann sich in diesem Augenblick sagen: Die äußeren Lebensumstände lösen in mir wie von selbst bestimmte Emotionen aus, so daß ich zornig werde oder mich ärgere oder verzweifelt bin. Diese Gefühle haben dann eine große Macht über mich. Ich bin dann ganz meine Gefühle. Nun aber schaue ich sie und mich wie von außen an. Ich will nicht diesen Gefühlen unterliegen, ich will sie führen und umgestalten. Das Umgestalten der Gefühle gelingt aber nur, indem neue Gedanken oder Vorstellungen das Bewußtsein erfüllen. Gefühle entzünden sich immer an Vorstellungen und Ideen. Sollen daher die Gefühle geführt oder umgewandelt werden, so muß ich neue Gedanken an die Stelle meiner bisherigen Vorstellungen setzen. Solange ich die alten Vorstellungen behalte, werden auch nur schwerlich neue Gefühle entstehen können. Der Schlüssel für die Umgestaltung der Gefühle liegt im Denken. Solange ich die Vorstellung habe, daß mir ein anderer Mensch das Leben schwermacht, wird auch das Gefühl der Verärgerung oder gar Verzweiflung immer wiederkehren. Erst wenn ich im Denken eine andere Sicht gewinnen und ich mich aufrichtig von diesen Ideen überzeugen kann, entzünden sich auch neue Gefühle. Hat man in dieser Übung einige Erfahrung und Sicherheit gewonnen, so wird sich allmählich das Zusammenspiel von Vorstellungen und Gefühlen in den Lebenssituationen selbst verwandeln. Die Gedanken und Vorstellungen werden weniger einfach nur aufsteigen und bestimmte Gefühle auslösen, sondern man lernt immer mehr, auch im Lebensalltag seine Gedanken zu führen und nicht mehr unwillkürlich, sondern bewußt zu urteilen. Mit diesen bewußter gefällten Urteilen und den aus ihnen sich bildenden Vorstellungen beginnt man zugleich, seine Gefühle selbst zu führen und geht damit Schritte auf dem Weg zur Freiheit.

Mit den geschilderten Übungen beginnt man, die *inneren* Unfreiheiten, die in einem selbst ruhen, immer mehr zu überwinden. Was aber geschieht mit den *von außen* kommenden Einflüssen, die einen unfrei machen?

Es gibt ein einfaches Wort des mittelalterlichen Philosophen Meister Eckehart, das einem den Weg weisen kann durch die Wirren der von außen einen bedrängenden Behinderungen und Fesseln: «Um wen es recht bestellt ist, dem ist's an allen Stätten und unter allen Leuten recht.» Es gibt nichts, was die Wahrheit dieses Satzes umstoßen könnte, auch wenn Lebenssituationen auftreten können, in denen man diese Wahrheit nicht wahrhaben möchte. «Um wen es recht bestellt ist, dem ist's an allen Stätten und unter allen Leuten recht», heißt, daß es immer an einem selbst liegt, wie man die Umstände, mit denen man es zu tun hat, beurteilt. Albrecht Haushofer gelang es, seiner bedrückenden Lage etwas Positives abzugewinnen. Das heißt nicht, daß er jetzt alles nur noch positiv sah! Nur im furchtbaren Dunkel seiner Lebenssituation konnte er einen Funken der Helligkeit finden. Dieser Funke ist dem gewöhnlichen Auge nicht sichtbar. Auch die Seele ist oft erst blind für ihn. Aber man kann in der Seele ein neues Auge entwickeln und aufschließen, das auch die Lichtpunkte in der Finsternis zu sehen vermag.

Rudolf Steiner hat die Arbeit an der Ausbildung des inneren Seelenauges, das das verborgene Licht wahrzunehmen vermag, in einer vierten Übung dargestellt, die die hier beschriebenen Übungen erweitert. Viele Situationen des Lebens geben die Möglichkeit dazu, in ihnen neben allem Negativen, das sie enthalten, ein Positives zu suchen. Das kann leicht in dem Sinne mißverstanden werden, daß man nun mit einer rosaroten Positivitätsbrille herumlaufen soll. Das ist nicht gemeint. Es geht bei der Übung nicht um Schönfärberei, sondern um echte und aufrichtige Erkenntnisarbeit. Was Haushofer seiner Inhaftierung an Positivem abgewinnen konnte, war alles andere als eine leichtfertige Schönfärberei. Durch die Übung soll nicht das Schwarze weiß werden. Aber neben oder auch in dem Schwarz kann das Weiß entdeckt werden. Das gelingt wieder bei vergangenen Ereignissen leichter. Hat man zum Beispiel einen Unfall erlitten, so wird man in der Situation selbst vom Schmerz überwältigt worden sein und mit seinem Schicksal hadern. In den Augenblicken der Übung sollte es aber möglich sein, das Licht in dem

Dunkel des vergangenen Leides zu sehen. – Manchen Menschen gelingt dies sogar, ohne daß sie es eigens geübt hätten. Durch das Leben selbst sind sie zu ihrer Sichtweise geführt worden. Wenn ein Mensch, der im Krieg sein Bein verloren hat und sein ganzes weiteres Leben mit dieser schweren körperlichen Behinderung und vor allem mit kaum je versiegenden Nervenschmerzen zu kämpfen hat, seine Verwundung schließlich dankbar als Gnade auffaßt, mag das einem Außenstehenden vielleicht schwer verständlich bleiben, für den betreffenden Menschen selbst bedeutet seine Sicht das seelische Schauen eines stärkenden Lichtes.

Hat man eine Zeitlang Erlebnisse in der Vergangenheit in der hier angedeuteten Weise verarbeitet, so wird man auch immer besser gegenwärtigen Erfahrungen gegenüber sein neu gebildetes seelisches Auge aufschlagen lernen. Das kann auch für die massivste Form der Unfreiheit gelten, die wir im ersten Teil beschrieben haben, für die Ohnmacht angesichts der zeitgeschichtlichen Verhältnisse, namentlich der Zerstörung der Lebensverhältnisse auf der Erde. Auch hier geht es natürlich niemals um die Haltung: «Ist ja alles halb so schlimm» oder: «Ich will mir doch nicht das Leben, das ich noch habe, durch Schwarzmalerei verdüstern». Das ist nicht das Ziel. Trotzdem ist es möglich, zu Gedanken zu finden, die einen aushalten und weiterarbeiten lassen. Jeder wird hier seine eigenen Ideen zu entwickeln haben. Eine von mehreren Möglichkeiten sei angedeutet.

Es mag immerhin sein, daß durch eine Katastrophe alles weitere Leben auf der Erde unmöglich gemacht wird. Aber der Gedanke daran ist untauglich für meine weitere Arbeit. Er behindert mich eher, als daß er mich zuversichtlich stimmt. Deshalb schaue ich diesen Gedanken wohl an und gehe ihm nicht aus dem Weg, aber er soll mich nicht aufhalten, das zu tun, was notwendig ist. Im Gegenteil. Man hat gerade in unserem Jahrhundert ganze Lebenssysteme zusammenbrechen sehen. Die Epoche des Faschismus dauerte etwa eine Generation, in Deutschland etwas kürzer, aber umso grauenvoller, in Spanien länger. Dann brach der Faschismus zusammen, auch wenn noch manches Wurzelwerk weiterwühlt. Die Epoche des Kommunismus ist in unseren Tagen zusammengebrochen. Gedauert hat sie etwa zwei Generationen, in der Sowjetunion wenig länger, in den mittelosteuropäischen Ländern Europas kürzer. In den Zusammenbruch der stalinistisch-kommunistischen Regime haben manche die Hoffnung auf einen Neubeginnn im Sinne eines dritten Weges zwischen liberaldemokratischem Kapitalismus und Parteistaatskapitalismus gesetzt. Diese Hoffnungen haben sich in kürzester Zeit als illusionär herausgestellt. Die derzeitige Macht des westlichen Wirtschaftssystems hat man naiv unterschätzt, und zum anderen war man nicht im geringsten auf die Situation vorbereitet. Wie lange aber wird das System des westlichen Kapitalismus, das sich nun in beschämender Dünkelhaftigkeit und Borniertheit als der Sieger vorkommt – wie lange wird es selbst noch überdauern? Ist ihm – gerechnet vom Epochenjahr 1917 – die Dauer von etwa drei Generationen zuzutrauen? Die Probleme dieses westlichen Kapitalismus sind so gewaltig, daß man zwar nicht seinen Zusammenbruch unbedingt prophezeien muß, aber es wäre nicht unklug, mit diesem Zusammenbruch zu rechnen und das Seinige dazu beizutragen, daß man dann nicht wieder unvorbereitet ist. Will man bessere gesellschaftliche Verhältnisse als die bestehenden, so versucht man seine Ideen an die Stelle der herrschenden zu setzen. Das ist der Gedanke des freien Geistes, wie ihn R. Steiner in der «Philosophie der Freiheit» entwickelt hat: «Glaubt er [der freie Geist, V.W.] bessere [Ideen als die herrschenden, V.W.] zu haben, so sucht er sie an die Stelle der bestehenden zu bringen.»

Vielleicht besteht heute in der westlichen Welt vorerst nur die Möglichkeit, diese besseren Verhältnisse in kleinem Maßstab aufzubauen. Das mag für manchen keine erhebende Perspektive sein, und ein revolutionär denkender Geist mag über diese Bescheidung auf einen kleinen Wirkungskreis empört sein. Man kann aber den revolutionär gesinnten Geist auch an den Revolutionär Lenin erinnern, der sich in einem extrem kleinen Wirkungskreis auf die Herbeiführung anderer gesellschaftlicher Verhältnisse vorbereitete, viele Jahre lang ohne jede Aussicht auf Erfolg, bis dann doch seine Stunde kam. Aber diese Stunde fand Lenin nicht unvorbereitet. – Man kann Lenin als historische Katastrophe beurteilen – darum geht es in diesem Zusammenhang jetzt nicht –, aber man kann in jedem Fall eins von ihm lernen, nämlich über Jahre tiefster Verzweiflung hindurch nicht aufzugeben, sondern sich mit langem, eisernem Willen vorzubereiten, daß einen die Gunst der historischen Stunde, falls sie kommen sollte, wenigstens nicht unvorbereitet antreffe. – Unter diesem Gesichtspunkt ist die Arbeit in dem vielleicht kleinen Wirkungsfeld, in das man gestellt ist, alles andere als resignativer Biedermeier!

Solche oder ähnliche Gedankengänge können der Ausgangspunkt für eine solche Sicht auf die bestehenden Verhältnisse sein, die einen nicht resignieren, sondern nach Ansätzen suchen lassen, wo man eingreifen und seine Ideen in die Tat umsetzen kann. Man sucht in dem vermeintlich Aussichtslosen die Stelle eines positiven Ansatzpunktes zu finden, der einen durch die Abgründe verzweifelter Resignation und illusionärer Verdrängung hindurchzuführen vermag.

Der zur systematischen Übung gemachte Versuch, den inneren Blick auf ein Positives zu richten, hängt in starkem Maße von der Urteilsbildung ab.

In vielen Fällen vergißt man jedoch, daß man selber derjenige ist, der eine Situation in einer bestimmten Weise beurteilt, sich von ihr bestimmte Vorstellungen bildet und diesen entsprechend empfindet. Diese Form der Selbstvergessenheit will der freie Geist überwinden. Er will sich bewußt machen, daß immer er selbst es ist, der sich Urteile und Vorstellungen bildet, an denen sich seine Gefühle entzünden. Der freie Geist will aber auch die Konsequenzen aus dieser Einsicht ziehen und deshalb seine Urteile nicht als reflexartige Voruteile fällen, sondern mit Bedacht und gründlich erwogen. Dadurch befreit er sich zunehmend von der scheinbaren Gewalt der äußeren Verhältnisse. – Nun besitzen wohl zweifellos nur die wenigsten Menschen die Kraft, zum Beispiel eine ungerechte und lebensbedrohende Inhaftierung so zu beurteilen, wie Albrecht Haushofer seine Einkerkerung beurteilte. Haushofer hat während seiner Gefängniszeit seine ersten Urteile darüber als vor-läufige Urteile, als Vorurteile überwunden und zu einer neuen Beurteilung gefunden, die ihn seine Gefangenschaft völlig anders und zutiefst positiv sehen ließ. Entsprechend haben sich auch seine Gefühle und Emotionen gewandelt. An die Stelle von Angst und Bedrückung traten Zuversicht und innere Ruhe. So hat Haushofer den Satz des Meister Eckehart gelebt: «Um wen es recht bestellt ist, dem ist's an allen Stätten und unter allen Leuten recht.» Aber dies, daß es um einen «recht bestellt» ist, fiel ihm nicht zu, sondern mußte erarbeitet werden. Jeder kann mit dieser Arbeit zur Freiheit beginnen, indem er in einer fünften Übung sich darin schult, seine Vorurteile immer mehr abzulegen. Das geschieht nicht auf einmal, sondern in kleinen Schritten. Man kann damit beginnen, sich an Situationen zu erinnern, in denen sich ein eigenes Urteil schließlich als unzutreffend oder einseitig herausstellte, und dann untersucht man, wodurch das Urteil zustande kam. Nun ist es heute vielfach üblich geworden, daß man Vorurteile damit entschuldigt, daß man bestimmte Umstände und Sachverhalte noch nicht gekannt habe. Für den Zweck der Übung haben solche Entschuldigungen keinen Sinn. Sie sind eher hinderlich und legen der Selbsterkenntnis Steine in den Weg. Eine gründliche und schonungslose Erforschung der Vorurteile versucht hingegen gerade aufzudecken, was einen dazu verführte, schon zu urteilen, obwohl man bestimmte Sachverhalte noch nicht kannte, oder woran es lag, diese weiteren Umstände nicht gesehen zu haben. Hat man auf solche Weise einen Teil der eigenen Vorurteile untersucht, so wird man wie von selbst zur Erweiterung der Übung geführt, seine Urteile auch in *neuen* Lebenssituationen umsichtig und nicht reflexhaft zu fällen. Das gelingt natürlich nicht über den ganzen Tag hinweg. Dazu sind unsere Urteilsmechanismen viel zu eingespielt, aber man kann mit einer von einem selbst ausgewählten Zeitspanne beginnen. Weiß man zum Beispiel, daß man ein Gespräch mit Bekannten oder Freunden führen wird, so kann man sich vornehmen, für eine gewisse Dauer des Gesprächs seine eigenen Urteile zurückzuhalten.

Normalerweise reagiert man auf die Aussagen anderer Menschen automatisch mit Zustimmung oder Widerspruch. Vielleicht äußert man zwar weder das eine noch das andere durch Worte im Gespräch, aber im eigenen Denken und Fühlen findet die Beurteilung statt. Für die Zeitspanne, die man sich selbst gesetzt hat, versuche man jedes Urteil – Zustimmung oder Ablehnung – in seinem Inneren zum Schweigen zu bringen. Das heißt nicht, daß man sich selbst aus dem Gespräch völlig zurückziehen sollte. Das wird den anderen nur merkwürdig oder komisch vorkommen. Man beteilige sich ruhig am Gespräch, aber zu dem, was die anderen sagen, halte man jedes Urteil und damit jedes Vorurteil zurück. Das ist anfangs recht schwierig und wird nicht sogleich befriedigend gelingen. Hat sich aus Gewohnheit doch eine Beurteilung eingeschlichen, so findet man eine Hilfe darin, daß man sie erstens wenigstens nicht ausspricht und zweitens kann man das, was der andere sagte, eher vorsichtig fragend oder beschreibend aufnehmen: *Wie* hat er es gesagt? Was könnte ihn dazu geführt haben, es zu sagen? Durch solche Fragen schweigt zwar das eigene Denken noch nicht völlig still, aber es beginnt, sich von dem vorschnellen «richtig» oder «falsch» zu lösen. – Hat man im Stillwerden der inneren Kommentierung einige Übung erlangt, so kann man nicht nur die zeitliche Dauer der Übung ausdehnen, sondern auch damit beginnen, bei unvorbereiteten Äußerungen anderer die eigenen Vorurteile abzubauen. Im Grunde wird man dazu durch die Übung selbst geführt. Auch hier geht es zunächst erst wieder um den Abbau von Urteilen. Man hört in einem Gespräch eine Aussage, die man für völlig falsch hält. Man weiß auch, daß sie falsch ist. Jemand sagt zum Beispiel, daß Goethe 1748 geboren sei. Sofort stellt sich das Urteil ein: falsch, stimmt nicht, es war 1749. Nun besteht darüber kein Zweifel, daß Goethe 1749 geboren wurde. Aber im Sinne der Übung kann man auch diese Sicherheit erst einmal hintanstellen. So kann man sich fragen, woher das Wissen um die Jahreszahl überhaupt kommt. «Kann ich jetzt, ohne weitere Prüfung, wirklich ausschließen, daß sich nicht doch in die Urkunden ein Fehler eingeschlichen hat, den man jetzt aufgedeckt hat?» Solche oder ähnliche Überlegungen sind eine Erziehung zur Vorurteilslosigkeit, und sie können darauf vorbereiten, völlig unvorhergesehene Ereignisse, die man nicht für möglich gehalten hätte, unbefangen aufzufassen. – Die Übungen zur Vorurteilslosigkeit treten als fünfte Gruppe zu den bereits geschilderten und können in den monatlichen oder wöchentlichen Turnus der Arbeit an ihnen aufgenommen werden.

Die Fähigkeit, die Mechanismen der Vorurteilsbildung zu überwinden, ist auf dem Weg einer Befreiung aus äußeren Zwängen ein wichtiger Schritt. Man lernt auf diese Weise, mit Verboten und Vorschriften anders umzugehen. Auch das Leiden an anderen Menschen oder den örtlichen oder zeitlichen Bedingungen, unter denen man lebt, kann nun neu bedacht werden. Dieses Leiden ist ja erst entstanden aus meinen Vorurteilen über all diese Verhältnisse. Selbst zu Krankheit und Tod und zu den Härten des Schicksals gewinne ich nun eine andere Beziehung. Meine Urteile über vergangene Schicksalsereignisse kann ich zum Gegenstand der Übung machen, den kommenden werde ich gefaßter gegenüberstehen. Ich weiß, wieviel von meinem Urteil abhängt, und deshalb werde ich mit Umsicht, aber nicht weniger energisch meine Urteile zu bilden suchen.

Nachwort

Das Ergebnis der vorangegangenen Darstellungen besteht darin, daß die Frage nach der Freiheit des Menschen nicht in einer allgemeinen, theoretischen Aussage beantwortet wurde, sondern auf ein Seelengebiet sollte hingewiesen werden, auf dem die Freiheit praktisch immer neu errungen werden kann, wenn der Mensch das will und sich dazu auf den Weg macht.

Alle Ausführungen hatten zum Ziel, die Grundidee des zweiten Teils der «Philosophie der Freiheit» von Rudolf Steiner verständlicher zu machen und dem Leser nahezubringen. Die Arbeit an der «Philosophie der Freiheit» selbst sollte dadurch aber nicht ersetzt, sondern, umgekehrt, es sollte auf sie vorbereitet werden. Kein Kommentar kann es zum Ziel haben, sich selbst an die Stelle des kommentierten Werkes zu setzen. Vielmehr besteht seine Aufgabe darin, sich selbst im Laufe der Zeit überflüssig zu machen, indem das Werk, das er zum Gegenstand hat, immer leuchtender hervortritt. Wenn dies auch im vorliegenden Fall gelänge, so hätte das Büchlein den Zweck, den sein Verfasser mit ihm verfolgte, erfüllt.

Felicitas Vogt

DROGEN SEKTEN NEW AGE ALS HERAUSFORDERUNG

BEWUSSTSEINS-ERWEITERUNG UM JEDEN PREIS?

Mit einem Vorwort
von Michaela Glöckler

1992, 112 Seiten, kart.
sFr. 17.–/DM 19.–
ISBN 3-7235-0642-9

Woher kommt der Drang nach Bewußtseinserweiterung bei Jugendlichen und Erwachsenen? Was bieten Jugendsekten, New-Age-Therapien, Satanskulte und Drogen als Antwort auf dieses Bedürfnis? Welchen Preis bezahlen die Menschen, die auf solche Angebote eingehen?
Auf diese Fragen gibt Felicitas Vogt, Klassenlehrerin an der Freien Waldorfschule in Würzburg, in prägnanter und gut verständlicher Sprache Antwort. Sie bringt den Leser auf den neuesten Stand der stupenden Heils- und Therapieangebote. Anhand von Biographien zeigt sie eindrücklich, wohin das berechtigte und verständliche Suchen Jugendlicher nach innerer Erfahrung und mitreißenden Erlebnissen führen kann. Dabei wird deutlich, wie es die Erwachsenen wegen ihrer Ahnungslosigkeit oftmals verpassen, die richtige Hilfe zu leisten.
Einen entscheidenden Beitrag zur Auseinandersetzung mit der unsere Zeit prägenden Problematik liefert Felicitas Vogt, indem sie aufmerksam macht, wie das Suchtverhalten von frühester Kindheit an bis hin zum Erwachsensein veranlagt wird und indem sie Wege aufzeigt, wie wir uns als Eltern, als Erzieher zusammen mit den Kindern und Jugendlichen gegen den Zugriff der die Freiheit bedrohenden Verführungen zur Wehr setzen können.

VERLAG AM GOETHEANUM